W0308690

Thema
Geschichte
KOMPAKT

Französische Revolution und Napoleon – Die Umgestaltung Europas

Dirk Hoffmann
Sylvia Hoffmann-Mosolf

Schroedel

Thema Geschichte KOMPAKT
Geschichtliche Reihe für die Sekundarstufe II

Französische Revolution und Napoleon – Die Umgestaltung Europas

bearbeitet von
Dirk Hoffmann
Sylvia Hoffmann-Mosolf

Druck A[2] / Jahr 2009
Alle Drucke der Serie A sind im Unterricht parallel verwendbar.

Redaktion: Dr. Carsten Drecoll, Freiburg
Herstellung: Sabine Schmidt, Hannover
Layout: Janssen Kahlert, Hannover
Grafik: Theiss Heidolph, Kottgeisering
Satz: Schmiku Repro, Schwerte
Druck und Bindung: westermann druck GmbH, Braunschweig

ISBN 978-3-507-**36860**-6

INHALTSVERZEICHNIS

EINLEITUNG

Am 14. Juli 1989, dem Tag der 200-Jahrfeier der Französischen Revolution und ihrer Parolen „Freiheit, Gleichheit und Brüderlichkeit", hätte wohl kaum jemand vorherzusagen gewagt, dass mit dem Herbst desselben Jahres wieder eine Epoche der demokratischen und nationalen Revolutionen in Europa beginnen sollte, die bis heute noch nicht an ihr Ende gekommen ist. In Europa – der „Mutter der Revolutionen", wie es der österreichische Kulturphilosoph Friedrich Heer formuliert hat – schienen jedoch Revolutionen spätestens seit dem Ende des 2. Weltkriegs 1945 und dem folgenden „Kalten Krieg" unmöglich. Die ideologische Frontstellung zwischen liberalen parlamentarischen Demokratien im Westen und kommunistischen „Volksdemokratien" im Osten mit ihrer ständigen Gefahr eines Atomkrieges verhinderte radikale Veränderungen und Machtverschiebungen. Revolutionen fanden in anderen Erdteilen statt.

Aber 1989 kehrte die „Revolution" als politisches Mittel nach Europa zurück. Der Zusammenbruch des kommunistischen Systems gab den Völkern im Osten und Südosten Europas die Chance, ihr Schicksal in meist friedlichen Revolutionen wieder in die eigenen Hände zu nehmen. Mit der politischen Befreiung öffneten sie aber auch den gesamten europäischen Raum für die freie, kapitalistische Marktwirtschaft. Damit wurde der ganze Kontinent in den weltweiten Prozess der Globalisierung einbezogen, der schon seit Langem im Westen die Auseinandersetzung um soziale Gleichheit und Gerechtigkeit verschärft hatte. 1989 war der Kampf um Freiheit und Gleichheit nicht an ein Ende gelangt ist, wie manche geglaubt hatten.

Unter diesem Blickwinkel erhält die Französische Revolution jenseits eines rein historischen Interesses fortdauernde Aktualität, indem sie den Anspruch auf Freiheit und Gleichheit in Brüderlichkeit als gültige Utopie für alle Menschen propagiert hat. Ihre Dynamik, die auf Verbesserung der Verhältnisse einer möglichst großen Zahl gerichtet ist, prägte in Europa im Laufe des 19./20. Jahrhunderts eine spezifische – auf Freiheit und soziale Gleichheit bzw. Gerechtigkeit zielende – soziopolitische Identität des Kontinents aus, die bis heute auf die ganze Welt ausstrahlt. So kann an der Französischen Revolution und ihrem Vorspiel in der Krise des Ancien Régime paradigmatisch für Revolutionen bis heute das Verhältnis von ideell-normativem Anspruch der Moderne und ihrer konkreten Realisierung in Staat und Gesellschaft gezeigt werden.

Das Buch ist auf das Thema „Französische Revolution" für das niedersächsische Zentralabitur zugeschnitten und eng mit dem Rahmenthema einer europäischen Perspektive verknüpft.

Die Autorentexte sind bewusst knapp gehalten, führen zum Thema hin, eröffnen den Problemhorizont des jeweiligen Kapitels, stellen zeitliche und sachliche Zusammenhänge her und liefern notwendige Informationen. Sie enthalten Daten und Fakten, kontroverse Bewertungen und vor allem Quellen. Die Vielfalt der Materialien soll eine abwechslungsreiche und wissenschaftspropädeutische Arbeit auf Oberstufenniveau gewährleisten.

Die Aufgaben leiten zur methodischen Erschließung der Materialien an, geben nötigenfalls Einzelhinweise und führen über eine gestufte Komplexität zu einem vielgestaltigen methodischen Handeln der Schülerinnen und Schüler. Methodisch reflektiertes Arbeiten hat also zentrale Bedeutung sowohl im Erlernen fachspezifischer Methoden als auch in ihrer fachwissenschaftlichen Anwendung. Zur Förderung selbständigen, methodenbewussten Arbeitens bietet das Buch in einem Anhang Informationen zur weiteren Arbeit.

Revolutionstheorien gehören nicht zum Bildungsplan des Zentralabiturs in Niedersachsen. Da das Thema „Revolution" aber im Zentrum zahlloser Theoriebildungen stand, soll an dieser Stelle ein kurzer Einstieg gegeben werden, der später wieder aufgenommen werden kann.

EINSTIEG: REVOLUTIONSTHEORIEN

Eine Theorie nennt man einen gedanklichen Entwurf, der ein Erklärungsmodell für Sachverhalte bietet und Gesetzmäßigkeiten behauptet, also beansprucht, übertragbar und allgemeingültig zu sein. Einer Theorie liegen unterschiedliche Erfahrungen und Fragestellungen, aber auch Zielsetzungen zugrunde.

Eine „Geschichtstheorie" und besonders „Revolutionstheorie" ist dementsprechend ein Modell, das übergreifende Begriffe (Kategorien) und Erklärungen für Ereignisse, Sachverhalte und Veränderungen in Raum und Zeit benennt und erläutert, sie deutet und beurteilt. Die Kategorien ermöglichen einerseits Vergleiche von „Revolutionen" zu unterschiedlichen Zeiten und an unterschiedlichen Orten. Andererseits können diese Kategorien aber auch bei Prognosen für mögliche künftige Abläufe helfen. Zum Verständnis der unterschiedlichen Wirklichkeiten können Theorien also sehr praktisch (erhellend, pointierend, zusammenfassend, erleichternd) sein.

MATERIAL 1

Zwei theoretische Sichtweisen auf „Revolution"

a) James C. Davies: Eine soziologische Theorie (1962)

Dem amerikanischen Soziologen Davies zufolge entsteht ein revolutionäres Bewusstsein, wenn sich in einer Bevölkerung eine beständige wachsende Erwartung entwickelt hat, dass ihre „grundlegenden Bedürfnisse immer besser befriedigt werden können"; diese Befriedigung aber muss als ständig bedroht erfahren werden – handele es sich nun um physische Bedürfnisse wie Nahrung, Kleidung, Wohnung, Gesundheit oder Sicherheit, soziale Bedürfnisse wie Bindungen an Familie und Freunde oder ideelle Bedürfnisse wie Menschenwürde und Gerechtigkeit. Er stellt das grafisch folgendermaßen dar:

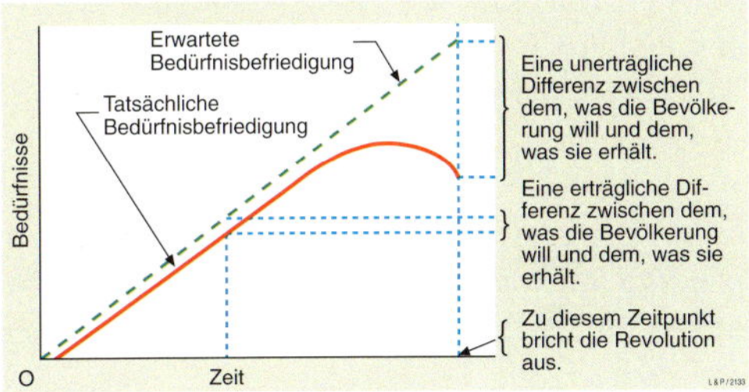

Davies, James C.: Eine Theorie der Revolution. In: Wolfgang Zapf (Hrsg.): Theorien des sozialen Wandels. Königstein/Ts. (Verlagsgruppe Athenäum, Hain, Scriptor, Hanstein) 4 1979, S. 401 f.

b) Albert Soboul: Eine politisch-ökonomische Theorie (1962)

Vor allem konnten diese Historiker der Bourgeoisie trotz ihres Scharfblicks das Wesentliche nicht aufhellen: dass sich die Revolution in letzter Konsequenz durch den Widerspruch zwischen den Produktionsverhältnissen[1] und dem Entwicklungsstand der Produktivkräfte[2] erklärt. Als Erste unterstrichen Marx und Engels mit Nachdruck im Manifest der Kommunistischen Partei, dass die Produktionsmittel[3], auf deren Basis sich die Macht der Bourgeoisie aufbaute, schon im Schoße der „Feudalgesellschaft" geschaffen wurden und sich entwickelten. Ende des 18. Jahrhunderts entsprachen die Eigentumsordnung und der Aufbau von Landwirtschaft und Gewerbe nicht mehr den im vollen Aufschwung begriffenen Produktivkräften und legten der Produktion selbst entsprechende Fesseln an. „Diese Ketten mussten gesprengt werden", schreiben die Verfasser des Manifests; „sie wurden gesprengt."

[1] Die rechtlichen und geistigen, organisatorischen und institutionellen Bedingungen für Arbeit und Produktion.
[2] Arbeitsfähigkeiten und Arbeitsmittel (z. B. Technik)
[3] Arbeitsmittel, z. B. Werkzeuge, Maschinen usw.

Albert Soboul: Die Große Französische Revolution. Ein Abriss ihrer Geschichte 1789 – 1799. Frankfurt/M. (EVA) 1973. S. XIV f. (Fußnoten: Verfasser)

1.0 Revolution und Europa – eine gedankliche Annäherung

Der Ballhausschwur. Das wohl berühmteste Gemälde nach einer Federzeichnung (1791) von Jacques Louis David.

Was ist eine Revolution?

Die beiden Begriffe „Revolution" und „Europa" sind für uns auf den ersten Blick selbstverständlich. Sie scheinen uns klar und eindeutig zu sein. Revolutionen: Das sind schnelle gewaltsame Veränderungen gegenüber schrittweisen, friedlichen Reformen. Aber schon ein kurzes Nachdenken bringt diese Gewissheit unserer alltäglichen Sprache ins Wanken. Begriffe wie „Jungsteinzeitliche Revolution" oder „Industrielle Revolution" verstehen „Revolution" anders als Begriffe wie „politische" oder „soziale Revolution". Hinter den beiden ersten verbergen sich jahrtausende- bzw. jahrzehntelange Prozesse des Wandels, die beiden letzteren meinen plötzliche, heftige und tief greifende Umstürze.

Was ist Europa?

Ebenso vieldeutig ist der Begriff „Europa": Der eine meint damit den Kontinent „Europa", eine andere die Europäische Union (EU) oder wieder jemand anderes das „christliche Abendland". Von Konrad Adenauer (1876–1967) wird erzählt, dass er gesagt habe: „Asien fängt an der Elbe an." Der tschechische Schriftsteller und Bürgerrechtskämpfer, Milan Kundera (*1929), wiederum vertrat die Ansicht, dass mit Prag der Westen begänne. All diese variierenden „Landkarten im Kopf" haben Einfluss darauf, was wir jeweils unter „europäischer Einheit", „europäischer Identität" oder „europäischer Geschichte" verstehen, was für uns „Europa", was „Asien" ist. Wir müssen also zu klären versuchen, was jeder von uns unter diesen Begriffen versteht.

Die Französische Revolution

Die in diesem Heft im Zentrum stehende Französische Revolution war nicht nur eines der wichtigsten Ereignisse für die Franzosen. Sie wirkte sofort mit großer Strahlkraft über Frankreichs Grenzen hinaus. Sie hat mit ihren von der Aufklärung übernommenen Parolen von „Freiheit" und „Gleichheit" zusammen mit der geistig so eng verwandten Revolution von Nordamerika politische und soziale Ziele zu verwirklichen begonnen und für die Welt proklamiert, die in ihrem Verhältnis zueinander bis heute strittig sind und uns daher bis heute bewegen. Die Revolution wurde in Europa als Hoffnung für die Völker oft leidenschaftlich willkommen geheißen, aber auch von den Mächten des „Ancien Régime" heftig bekämpft. Sie verwickelte die Staaten Europas in jahrelange Kriege, während derer sie Napoleon Bonaparte vom kleinen Offizier zum Kaiser der Franzosen und zeitweiligen Herren über den europäischen Kontinent aufsteigen ließ und Europa in seinen politischen und sozialen Strukturen erschütterte und fortwirkend veränderte.

Folgen der Französischen Revolution

Sie hat in einer Kette von Revolutionen bis heute in Europa und der ganzen Welt den Ideen des Fortschritts, der Vernunft, Rationalität, Selbstbestimmung und dem Recht auf Glück jedes Einzelnen einerseits und materiellen Macht der kapitalistischen Industriewirtschaft andererseits zum Durchbruch verholfen. Sie hat damit vielen Völkern politische, soziale und kulturelle Fortschritte gebracht, aber auch verheerende Kriege innerhalb der Nationen und zwischen ihnen bis hin zur nationalsozialistischen Völkervernichtung zur Folge gehabt. Diese in Europa entstandene und eigentümlich geprägte zwiespältige Entwicklung wird heute auch als „Projekt der Moderne" bezeichnet. Am Ende des 18. Jahrhunderts emphatisch begrüßt wird sie seit dem Ende des 20. Jahrhunderts von den einen im generellen „postmodernen" Zweifel am Fortschritt als beendet bzw. gescheitert angesehen, für andere jedoch weiterhin als Auftrag für die gesamte Welt und Menschheit betrachtet.

MATERIAL

„Revolutionen" in der bildenden Kunst 1

a) Paul Klee (1879–1940): Revolution des Viaductes (1937). Ölfarbe auf Ölgrundierung 60 x 50 cm, Hamburger Kunsthalle.

b) Olaf Nicolai: Die Flamme der Revolution, liegend, 2002. Skulptur.

MATERIAL

2 „Revolution" auf der Theaterbühne 1793

Pierre-Sylvain Maréchal (1750–1803) lässt in seinem Revolutionsstück „Das Jüngste Gericht der Könige", das am 17. Oktober 1793, einen Tag nach der Hinrichtung der französischen Königin Marie Antoinette, in Paris uraufgeführt wurde, neun Monarchen Europas auf eine einsame Vulkaninsel verbannen. Dort treffen sie auf einen alten Franzosen, der wegen eines Streits mit dem König um die Ehre seiner Tochter ausgesetzt worden war.

Alter Mann: Ich hätte es nie gehofft, eine solche Revolution nochmals zu erleben. Das Volk braucht nur zu hoffen und wollen – was für ein glücklicher Mensch bin ich hiermit. Ah, meine Freunde, meine Brüder, ich bin in einem Taumel der Hochgefühle! Bis jetzt ist eure Rede nur von Frankreich, aber die anderen Länder von Europa, was ist mit ihnen? Habe ich es richtig vernommen, dass die Seuche der Tyrannen in ganz Europa ausgerottet worden ist?

Deutscher Sansculotte: Das Beispiel der Franzosen hat gefruchtet, aber nicht ohne große Anstrengungen von allen Ländern Europas. Nicht die Völker, aber ihre Tyrannen, Könige, die Souveräne verbündeten sich. [...] Man ist hergefallen über diese mutige Nation, die als erste mit dem Tyrannen ins Gericht gegangen ist. Sie sollte zur Mäßigung gezwungen, in ein Bündnissystem gepresst werden, sie schwächen, um damit für immer den Menschen den Geschmack an der Freiheit zu verleiden. Nachdem die Völker über die Ereignisse und Heldentaten nachgedacht und gelesen hatten, so sagten sie sich, wir sind doch nicht dumm, uns wie eine Hammelherde zur Schlachtbank führen zu lassen, auch nicht als Jagdhunde hineinhetzen zu lassen in einen Kampf mit dem Stier. Verbrüdern wir uns lieber mit denen, die auf dem Weg der Vernunft und des Rechts uns zur Freiheit folgen. So schickte jedes Volk von Europa die besten Sansculotten nach Paris, sie auch dort würdig zu vertreten. In dieser Vollversammlung aller Länder ist man zu dem Schluss gekommen, dass zu einem bestimmten Tag das gesamte Europa sich in einem Massenaufstand erheben – sein Joch abschütteln sollte. [...]

Die Sansculotten der verschiedenen Völker haben inzwischen ihre jeweiligen Monarchen gefesselt herbeigeführt, so auch den Papst als Herrscher des Kirchenstaates.

Papst: [...] Verfahrt nachsichtig mit mir. Von nun an, (er faltet die Hände) von nun an will ich den Rest meines bescheidenen Lebens bei den höchsten Mächten des Himmels für euch Fürbitte einlegen. In meine Gebete ...

Römischer Sansculotte: (laut) Hör auf! Schluss! Von deinen Fürbitten wollen wir nichts mehr hören. Unsere Gottheit heißt, die Gottheit aller Sansculotten heißt Freiheit, heißt Gleichheit, heißt Brüderlichkeit. Diese Gottheit kennst du nicht, noch wirst du sie je kennen lernen. Geh weg!

Pierre-Sylvain Maréchal: Das Jüngste Gericht der Könige. Überarbeitet vom Autorenkollektiv „Müh-sam". Frankfurt/M. (Verlag Edition AV'88) 1998, S. 25 ff.

MATERIAL 3

„Revolution“ überall?

„Ballets Russes“ revolutionieren Tanzkunst

Paris, Dienstag, 18. Mai 1909

Zum Ausgangspunkt einer neuen Epoche des europäischen Balletts werden die Opern- und Ballett-Aufführungen der „Ballets Russes“, die eine Renaissance des klassischen Balletts in Westeuropa auslösen.

Fließband revolutioniert Arbeit

Detroit, Samstag, 16. August 1913

Mit der Einführung des Fließbandes wird die Arbeitswelt weltweit nachhaltig verändert.

Aus „Swinging London“ kommt der Minirock

London, Freitag, 1. Januar 1965

Die britische Designerin Mary Quant leitet mit dem Minirock die Revolution in der Damenmode ein.

„Französische Revolution“ auf WM-Rasen

Paris, Sonntag, 12. Juli 1998

Mit einem überzeugenden 3:0-Endspielsieg gewinnt die französische Nationalmannschaft die Fußball-Weltmeisterschaft gegen die favorisierten Ballkünstler aus Brasilien.

1998 Bertelsmann Electronic Publishing/Bertelsmann Lexikon Verlag, Gütersloh, München, Verlagsgruppe Bertelsmann.

MATERIAL 4

„Revolutionen“ auf der Theaterbühne heute

Heiner Müller (1929–1995), Der Auftrag. Erinnerung an eine Revolution (1979)

Personen: Galloudec (Bauer), Debuisson (Arzt), Sasportas (Schwarzer und ehemaliger Sklave) – Revolutionäre mit dem Auftrag, im Namen der Französischen Revolution auf Jamaika einen Sklavenaufstand gegen die Herrschaft Großbritanniens zu entfachen; Antoine (Revolutionsführer und Auftraggeber).

Galloudec an Antoine: Ich schreibe diesen Brief auf meinem Totenbett. Ich schreibe in meinem Namen und im Namen des Bürgers Sasportas, der gehängt worden ist in Port Royal. Ich teile Ihnen mit, dass wir den Auftrag zurückgeben müssen, den der Konvent durch Ihre Person uns erteilt hat, da wir ihn nicht erfüllen konnten. Vielleicht richten andere mehr aus. Von Debuisson werden Sie nichts mehr hören, es geht ihm gut. Es ist wohl so, dass die Verräter eine gute Zeit haben, wenn die Völker in Blut gehn. So ist die Welt eingerichtet und es ist nicht gut so. Entschuldigen Sie meine Schrift, sie haben mir ein Bein abgenommen und ich schreibe im Fieber. Ich hoffe, dass dieser Brief Sie bei guter Gesundheit antrifft und verbleibe mit republikanischem Gruß.

Debuisson, dem es gut geht, am Ende des Stückes zu seinen beiden Mitbeauftragten Galloudec und Sasportas: Ich will das alles nicht mehr wissen. Tausend Jahre ist gelacht worden über unsre drei Geliebten. In allen Gossen haben sie sich gewälzt, alle Rinnsteine der Welt sind sie hinabgeschwommen, geschleift durch alle Bordelle, unsre Hure die Freiheit, unsre Hure die Gleichheit, unsre Hure die Brüderlichkeit. Jetzt will ich sitzen, wo gelacht wird, frei zu allem, was mir schmeckt, gleich mit mir, mein und sonst niemandes Bruder. Dein Fell bleibt schwarz, Sasportas. Du, Galloudec, bleibst ein Bauer. Über euch wird gelacht. Mein Platz ist, wo über euch gelacht wird. Ich lache über euch. Ich lache über den Neger. Ich lache über den Bauern. Ich lache über den Neger, der sich weiß waschen will mit der Freiheit. Ich lache über den Bauern, der in der Maske der Gleichheit geht. Ich lache über den Stumpfsinn der Brüderlichkeit, der mich, Debuisson, Herrn über vierhundert Sklaven, ich brauche nur ja zu sagen, ja und ja zur geheiligten Ordnung der Sklaverei, blind gemacht hat für dein, Sasportas, dreckiges Sklavenfell, für deinen vierbeinigen Bauerntrott, Galloudec, das Joch im Nacken, mit dem die Ochsen in der Furche gehn auf deinem Acker, der dir nicht gehört. Ich will mein Stück vom Kuchen der Welt. Ich werde mir mein Stück herausschneiden aus dem Hunger der Welt. Ihr, ihr habt kein Messer.

Sasportas zu Debuisson:
Ich habe gesagt, dass die Sklaven keine Heimat haben. Das ist nicht wahr. Die Heimat der Sklaven ist der Aufstand. Ich gehe in den Kampf mit den Demütigungen meines Lebens ... Kann sein, meine Platz ist der Galgen und vielleicht wächst mir der Strick schon um den Hals, während ich mit dir rede statt dich zu töten, dem ich nichts mehr schuldig bin als mein Messer. Aber der Tod ist ohne Bedeutung, und am Galgen werde ich wissen, dass meine Komplicen die Neger aller Rassen sind, deren Zahl wächst mit jeder Minute, die du an deinem Sklavenhaltertrog verbringst oder zwischen den Schenkeln deiner weißen Hure. Wenn die Lebenden nicht mehr kämpfen können, werden die Toten kämpfen. Mit jedem Herzschlag der Revolution wächst Fleisch zurück auf ihre Knochen, Blut in ihre Adern, Leben in ihren Tod ... Ich, das ist Afrika. Ich, das ist Asien. Die beiden Amerika sind ich.

Heiner Müller: Der Auftrag. In: Ders. Der Auftrag und andere Revolutionsstücke. Stuttgart (Reclam) 1995, S. 48, 73 f.

MATERIAL
5 Europa – Was sind seine Grenzen?

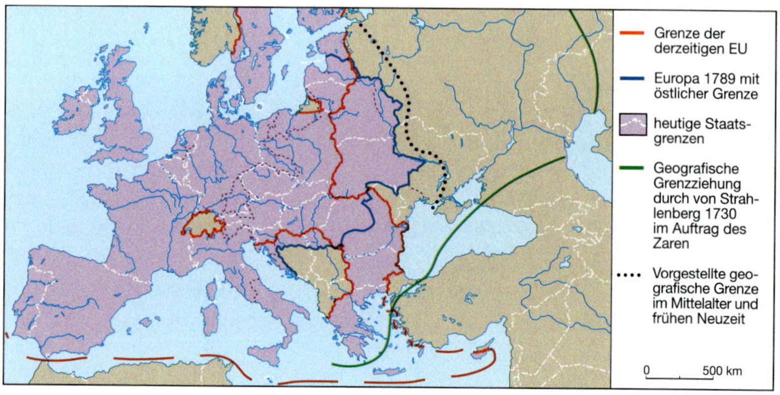

Europa mit den heutigen Staatsgrenzen sowie der östlichen Grenze Europas, wie sie im 18. und 19. Jahrhundert galt.

1. Charakterisieren Sie Wirkung und Aussagen der Bilder (Umschlag, S. 6, M 1).
2. Stellen Sie Vermutungen darüber an, welche Revolutionsvorstellungen bzw. -begriffe die Maler in diesen Bildern vermitteln.
3. Sprechen Sie die Auszüge aus den Theaterstücken (M 2 und 3) mit verteilten Rollen. Diskutieren Sie dann das jeweilige Verhältnis zur „Revolution".
4. Konfrontieren Sie Ihre eigenen Empfindungen beim Betrachten der bildnerischen Werke mit dem Aussprechen der Theaterstücke.
5. Diskutieren Sie die Fragen, wann und warum Revolutionen heute möglich, vielleicht sogar notwendig sind bzw. warum sie generell abzulehnen sind.
6. Klären Sie die Bedeutung von „Revolution" in den unterschiedlichen Verwendungen im Alltag (M 4). Vergleichen Sie den Alltagsgebrauch des Begriffs mit seiner Verwendung in der Kapiteleinleitung (S. 6).
7. Erläutern Sie M 5 hinsichtlich der jeweiligen Vorstellungen von „Europa".
8. Klären Sie in kleinen Gruppen Ihren eigenen Revolutions- und Europa-Begriff.
9. Formulieren Sie einige Ihnen wichtig erscheinende übergreifende Fragestellungen zum Thema: „Französische Revolution und Europa".

2.0 Wandel und Krise des Ancien Régime – Reform oder Revolution?

1789 – eine fundamentale Zäsur?

1789 – Beginn der „Großen Französischen Revolution", Beginn der „Moderne", Beginn „unserer Zeit", „Geburtsstunde der Demokratie". Erst mit solchen Kennzeichnungen erhält die an sich nichtssagende Jahreszahl den Charakter eines gewaltigen Ereignisses, das den radikalen Bruch mit etwas Altem und den Aufbruch in etwas grundsätzlich Neues markiert. Gleichwohl brachte auch diese Fundamentalzäsur der Weltgeschichte nichts voraussetzungslos Neues. Die „Revolution" übernahm und führte vieles weiter, was der Absolutismus hervorgebracht hatte, bzw. das „Ancien Régime", wie diese Epoche nach 1789 von den Anhängern der Revolution bezeichnet wurde.

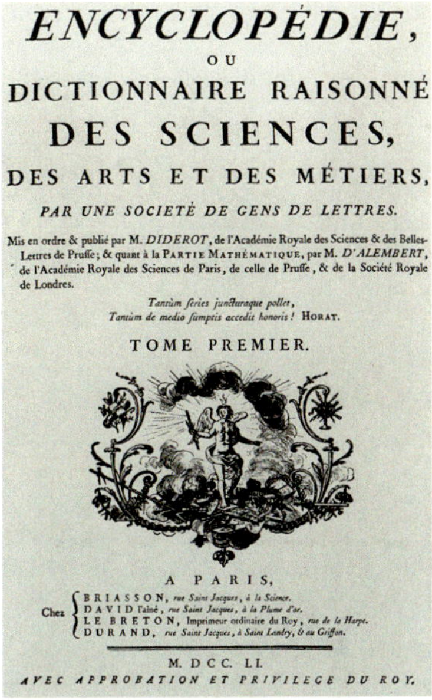
ENCYCLOPÉDIE,
OU
DICTIONNAIRE RAISONNÉ
DES SCIENCES,
DES ARTS ET DES MÉTIERS,
PAR UNE SOCIETÉ DE GENS DE LETTRES.
Mis en ordre & publié par M. *DIDEROT*, de l'Académie Royale des Sciences & des Belles-Lettres de Pruſſe; & quant à la PARTIE MATHÉMATIQUE, par M. *D'ALEMBERT*, de l'Académie Royale des Sciences de Paris, de celle de Pruſſe, & de la Société Royale de Londres.
Tantùm ſeries juncturaque pollet,
Tantùm de medio ſumptis accedit honoris! HORAT.
TOME PREMIER.
A PARIS,
Chez BRIASSON, *rue Saint Jacques, à la Science.*
DAVID l'aîné, *rue Saint Jacques, à la Plume d'or.*
LE BRETON, Imprimeur ordinaire du Roy, *rue de la Harpe.*
DURAND, *rue Saint Jacques, à Saint Landry, & au Griffon.*
M. DCC. LI.
AVEC APPROBATION ET PRIVILEGE DU ROY.

Titelseite der von Diderot und d'Alembert herausgegebenen „Encyclopédie" von 1751.

Ermöglicht wurde dieser Umbruch durch die Krise des Ancien Régime im späteren 18. Jahrhundert. Unser Bild dieser Epoche wird besonders durch Frankreich geprägt, dem seit Ludwig XIV. führenden Staat in Europa. Sein System absoluter Herrschaft, sein merkantiles Wirtschaftssystem und seine höfische Kultur galten überall als nachahmenswerte Vorbilder. Mit Frankreichs Philosophen pflegten die europäischen Fürsten bis hin nach Russland gedanklichen Austausch, Frankreichs Sprache war die Sprache der Politik und der Gebildeten in Europa. Wie sollte in diesem ausstrahlenden Zentrum des Kontinents eine Revolution überhaupt möglich sein? Wirtschaftliche Krisen und Missernten, Bauernunruhen auf dem Lande, politische Konflikte zwischen dem Absolutheitsanspruch der Monarchen und dem auf seine Privilegien beharrenden Adel, die Unterhöhlung des Gottesgnadentums der Herrscher infolge der Aufklärung, unzuverlässiges Beamtentum und Justizwesen sowie ein erstarkendes und selbstbewussteres Bürgertum in den Städten gab es auch in anderen europäischen Staaten. Entsprechend hatte sich schon vor der Revolution überall in Europa eine Stimmung des Wandels verbreitet.

Zuspitzung der Krise in Frankreich

Aber im Frankreich Ludwigs XV. und XVI. spitzten sich die Gegensätze vor allem durch die chronische Finanzschwäche des Staates und die innere Reformblockade schärfer zu. Viele Versuche zur Finanzreform scheiterten stets am Widerstand der privilegierten Stände. Dies trieb letztlich den Staat in den Bankrott, ließ den Unmut der Bürger und Bauern immer weiter anwachsen und den Adel und Klerus sich immer unnachgiebiger an ihre Vorrechte klammern. Die Schuld an dieser Situation aber wurde in allen Ständen beim absoluten Königtum gesehen. Und der Theorie nach war der absolute Monarch für alles verantwortlich. Das lenkte die Kritik von Adeligen wie Klerikern, Bauern wie Bürgern auf die Person des Königs Ludwigs XVI. und vor allem die Königin Marie Antoinette.

Aufklärung und neue Öffentlichkeit

Bei dieser Kritik spielte die Aufklärung eine zentrale, aber keineswegs beabsichtigte Rolle, denn ihre Stellung zum Absolutismus war ambivalent, fördernd und zerstörend zugleich. Insgesamt gesehen aber stellte die Aufklärung das Arsenal der Argumente in den Konflikten zwischen Monarchen und Ständen dar, die noch durch die vielfältigen Gegensätze innerhalb der Stände selbst und zwischen ihnen überlagert wurden. Die von der Aufklärung geforderte und vom absoluten Staat geförderte Bildung sorgte dafür, dass die Zahl derer in allen Ständen wuchs, die ihre Interessen artikulieren und Ziele formulieren konnten. Und je zahlreicher diese Gruppe wurde, umso breiter drang die Diskussion in die Öffentlichkeit. Hier wurde über neue Erkenntnisse gesprochen, über Politik debattiert, wurden Meinungen verbreitet, gestritten und geschimpft. Es entstand, was in Frankreich gegen Ende des 18. Jahrhunderts „opinion publique" genannt wurde, die „öffentliche Meinung".

Der Wandel von Wirtschaft und Gesellschaft, die Aufklärung und die neue Öffentlichkeit in ihrer Bedeutung für die Krise des Ancien Régime in Europa und vor allem in Frankreich werden Gegenstand des folgenden Kapitels sein.

„Natürliche und affectirte Handlungen des Lebens" Radierungen von Daniel Chodowiecki, 1778/79.

2.1 Wandel in Wirtschaft und Gesellschaft des Ancien Régime – Entsteht die Revolution aus materiellen Verhältnissen?

Bauern auf dem Lande in England im 18. Jh. Gemälde von George Morland (1763–1804).

Wandel im 18. Jahrhundert

Europa war im 18. Jahrhundert bis auf wenige kleinere Regionen von einem beschleunigten Wandel in Wirtschaft und Gesellschaft geprägt, auch wenn es noch weit von der Dynamik einer Industriegesellschaft entfernt war. Eine wesentliche Ursache dafür war das starke Bevölkerungswachstum nach den Verheerungen der Kriege des vorangegangenen Jahrhunderts. Europas Bevölkerungszahl stieg zwischen 1700 und 1800 von etwa 120–125 Millionen auf 180–195 Millionen an, in Frankreich von etwa 19–20 Millionen auf 26–29 Millionen. Parallel dazu lebten auch mehr und mehr Menschen in immer größeren Städten, die als Zentren von Verwaltung und Handel, Kultur und Unterhaltung stetig an Attraktion gewannen.

Bevölkerungszunahme als Herausforderung

Diese Zunahme der Bevölkerung forderte mehr Nahrungsmittel, Arbeitsmöglichkeiten und Sicherheit für die Menschen. Es musste also entweder für intensivere Nutzung des vorhandenen Ackerlands oder für eine Vergrößerung der Anbauflächen, z. B. durch Trockenlegung von Sümpfen und damit Vermehrung der Bauernstellen, gesorgt werden. Man musste Handwerk und Manufakturgewerbe gezielt fördern, um so Arbeitsplätze für die ländliche Überbevölkerung zu schaffen. Zur Verbesserung und Beschleunigung des Handels musste die Infrastruktur des Landes, z. B. durch Straßen und Kanäle, ausgebaut werden. Die oft katastrophalen Verhältnisse der Hygiene und Sicherheit in den wachsenden europäischen Städten erzwangen oft großflächige städtebauliche Maßnahmen.

Reaktion des absoluten Staates

Staatliche Manufaktur zur Herstellung von Rasiermessern in Paris, 1783.

Der absolute Staat schien mit seinen weitreichenden Machtmitteln besonders geeignet zu sein, durch umfassende Planung und Steuerung diese Herausforderungen meistern zu können. Dazu benötigte er aber mehr Personal: Beamte für die Verwaltung und Durchsetzung der staatlichen Maßnahmen, Polizei und Soldaten für innere und äußere Sicherheit. So wurde immer mehr Bildung und Wissen, z. B. in Ökonomie, Verwaltung, Politik oder Technik, für eine wachsende Zahl von Menschen lebenswichtig. Dies wiederum verlangte mehr Bildungspersonal und Bildungseinrichtungen.

Krise des Absolutismus

All diese Anforderungen stießen aber auf eine Sozialordnung, die im Wesentlichen noch von einer agrarischen, mittelalterlich-feudalen Wirtschaftsweise geprägt war. Durch diesen Zusammenprall wurde eine gesellschaftliche Bewegung in Gang gesetzt, die die Menschen verunsicherte und damit auch ein hohes Konfliktpotential enthielt. Im folgenden Abschnitt wird daher die Wirtschafts- und Gesellschaftsstruktur des Ancien Régime, besonders in Frankreich, den Schwerpunkt bilden.

MATERIAL

1 Europäische Bevölkerung in Städten ab 100 000 Einwohner, 1600–1900

Jahr	*Städte ab 100 000 Einwohner*	*Bevölkerung in Städten ab 100 000 Einwohner (in Mio.)*	*Bevölkerung in Prozent der Gesamtbevölkerung*
1600	13–14	1,85–2,85	2,1–3,6
1650	11–12	2,35–2,50	2,2–2,6
1700	14	2,65–3,10	2,1–2,7
1750	13–15	3,35–3,75	2,3–2,8
1800	23	5,40	2,9
1850	43	12,66	4,8
1900	143	49,14	12,3

nach: Charles Tilly (Hrsg.): An Urban World. Boston 1974. S. 39.

MATERIAL

2 Agrarstruktur in Europa im 18. Jahrhundert

Das Leben in Europa war im 18. Jh. trotz einzelner staatlicher Gewerbe- und Manufakturförderung agrarisch bestimmt. Daher bedeutete der Anstieg der Bevölkerung zwischen 1700 und 1800 von etwa 100–125 Millionen auf 180–195 Millionen und dem damit wachsenden Nahrungsbedarf eine Herausforderung an die Landwirtschaft, die durch ihre strukturellen Bedingungen an ihre Grenzen stoßen musste:

[Zunächst] muss man sich vor Augen halten, wie außergewöhnlich verschieden in Europa die öffentlichen Einrichtungen, die territorialen Verhältnisse, die feudalen Abhängigkeiten und die lokalen Privilegien waren. Demgemäß lassen sich drei große Gruppen von Ländern unterscheiden. Als Erstes die Länder östlich der Elbe, Süditalien und Spanien. Dort herrschte der Großgrundbesitz vor. Die Bauern waren entweder Leibeigene oder landlose, in armseligen Verhältnissen lebende cafoni wie in Süditalien. Der preußische Junker[1], der russische Bojar[1], der polnische wie der ungarische Magnat[1] hingegen genossen erhebliche Vorrechte. Der Handel lag vorwiegend in der Hand jüdischer Kaufleute und Geldgeber. Die Industrie war nur wenig entwickelt, und das Bürgertum hatte noch kein besonderes Gewicht.

Zur zweiten Gruppe zählte die Gesamtheit Kontinentaleuropas westlich der Elbe, nördlich des Apennins und der Pyrenäen mit Ausnahme der Vereinigten Provinzen[2]. Neben dem Grundbesitz des Adels und der Kirche gehörte hier ein großer Teil des Bodens den Bauern, die allerdings dem Grundherrn bestimmte Abgaben zu entrichten hatten. Der Grundherr selbst arbeitete nicht; bestellte er seine Ländereien selbst, verlor er seinen Adelstitel. Die früher übliche Leibeigenschaft war weitgehend verschwunden.

Großbritannien und die Vereinigten Provinzen bildeten die dritte Gruppe. In diesen Ländern kannte man bereits eine fortgeschrittene Form der Wirtschaft. Der Adel konnte arbeiten, ohne sein Gesicht zu verlieren, und unterschied sich nur wenig von der wohlhabenden bürgerlichen Mittelschicht. Beide, Adlige und Bürger, waren an der Regierung beteiligt. […] Dies führte zu einer Annäherung zwischen Adel und Bürgertum. Bauern und Handwerkern jedoch ging es in Großbritannien und in den Vereinigten Provinzen nicht besser als anderswo in Europa.

[1] Bezeichnungen für adelige Großgrundbesitzer.
[2] Niederlande ohne die „Österreichischen bzw. Habsburgischen Niederlande" (Teil des heutigen Belgien)

Das Abendland. Die Geschichte Europas von der Antike bis zur Gegenwart. Niedernhausen (Orbis Verlag in der Verlagsgruppe FALKEN/Mosaik) o. J. S. 245 u. 248.

MATERIAL 3

Ständezugehörigkeit und Landbesitz in Frankreich gegen Ende des 18. Jahrhunderts

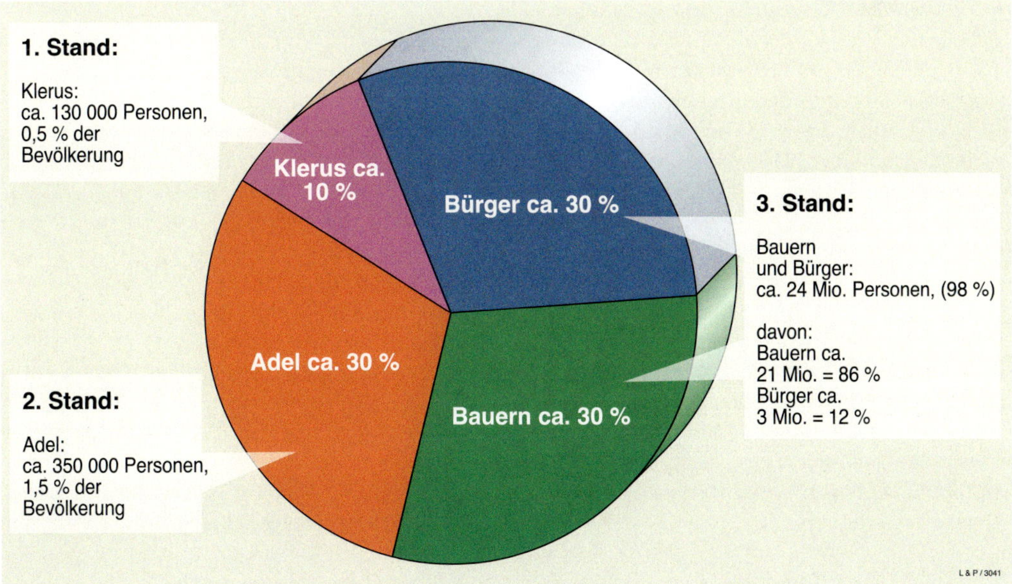

MATERIAL

4 Die Stände Frankreichs und ihre innere Gliederung gegen Ende des 18. Jahrhunderts

a) Der 1. Stand: Der Klerus

Die etwa 10 000 hohen Kleriker (Bischöfe, Domherren und Prälaten) waren durchweg adelig. Sozial viel niedriger gestellt waren die einfachen Pfarrer. Diese schätzungsweise 60 000 Personen waren nicht nur für die Ausübung des Kirchendienstes zuständig, sondern auch für das Unterrichtswesen sowie die Armen- und Krankenpflege. Sie waren nichtadelig und lebten von einem dürftigen Einkommen, das z. B. den tausendsten Anteil dessen ausmachte, was dem Bischof von Straßburg zur Verfügung stand. Allerdings hatte sich der Bildungsstand des niederen Klerus durch die innerkirchlichen Reformmaßnahmen der katholischen Kirche als Reaktion auf die protestantische Reformation gebessert. Er kannte und teilte die Nöte und Meinungen des Volkes. Daneben gab es noch etwa 60 000 Mönche und Nonnen.

b) Der 2. Stand: Der Adel

Allein Adelige hatten Anspruch auf die höchsten Ämter in Staat, Kirche und Armee. Eines der wichtigsten Privilegien des Adels war die weitgehende Steuerfreiheit. Aber als Stand war der Adel keineswegs homogen. Neben dem Schwert- oder Geburtsadel (noblesse d'épée), dem ältesten und größten Teil, gab es den Amtsadel (noblesse de robe), der seit ein oder zwei Jahrhunderten aus dem Bürgertum durch Ämterkauf aufgestiegen war. Im 18. Jahrhundert erreichten ungefähr 10 000 Personen die Nobilitierung, d. h. mit Familienangehörigen 40 000 bis 50 000 Personen. Innerhalb des Schwertadels ergab sich eine weitere Trennlinie: Ein kleiner Teil von etwa 4 000 Personen war durch Weisung des Königs verpflichtet, am Hof in Versailles anwesend zu sein und am dortigen luxuriösen Leben teilzuhaben. Das kostete viel Geld, sodass sie dadurch oft hoch verschuldet waren. Der Landadel dagegen lebte von den Feudalabgaben der Bauern, die oft in Geld abgegolten wurden. Durch den Kaufkraftverlust des Geldes verarmte dieser im Laufe des 18. Jahrhunderts und versuchte daher ständig die Abgaben zu erhöhen.

c) Der 3. Stand: Bürger und Bauern

Bürgertum wie Bauerntum waren in sich stark differenziert. Die soziale Spitze des 3. Standes bildete das Großbürgertum, etwa 1 % der rund 3 Mio. Bürger: einerseits die Geschäftsbürger, Bankiers und Manufakturbesitzer, die bisweilen ein ähnlich aufwendiges Leben wie die Aristokratie führten, und andererseits die Handelsbürger, z. B. Reeder in den Hafenstädten wie Marseille oder Bordeaux. Eine größere Gruppe mit ca. 10 % des Bürgertums bildeten die Geldbesitzer, „Rentiers", die ihre Einkünfte aus Kapitalgeschäften erzielten.

Eine deutlich anders geartete Gruppe des Dritten Standes stellten die sogenannten „freien Berufe" dar, rund 20 % des Bürgertums: vor allem Anwälte, Notare (darunter besonders Gerichts- und Finanzbeamte) sowie Ärzte, weiter auch Journalisten und Schriftsteller, die besonders in Paris in großer Zahl lebten und teils hoch gebildet waren.

Die größte Gruppe innerhalb des Bürgertums bildete mit ca. 66 % das sogenannte „Kleinbürgertum": Ladenbesitzer, Handwerker, Lohnempfänger mit und ohne feste Stellung (Gesellen, Dienstboten, Laufburschen) und die städtischen Tagelöhner. Die Lebensverhältnisse all dieser schwankten zwischen gutem Auskommen und Armut.

Von den etwa 21 Mio. Bauern waren knapp 10 % Großbauern mit Überschusswirtschaft, 50 % Kleinbauern und Heimarbeiter, die meist weniger als 2 ha Land bewirtschafteten und rund 40 % landlose Tagelöhner. Die Bauern, in der Masse Pächter, konnten die Erträge des Bodens selbstständig nutzen, mussten aber an den Grundherrn – mittlerweile auch bürgerliche Eigentümer – dafür zahlreiche Abgaben, z. B. Grundzins und Sterbegeld, zahlen. Dazu hatten die Grundherren eine Reihe feudaler Rechte gegenüber den Bauern (Brücken- und Wegegeld; Pflicht, nur die Mühle, den Backofen und die Kelter des Grundherrn zu benutzen; Jagdrecht). Im Laufe des 18. Jh. versuchten die Grundherren solche Rechte wieder verstärkt durchzusetzen. All dies empfanden die Bauern als schikanöse Einschränkungen ihrer wirtschaftlichen Selbstständigkeit.

Autorentext

MATERIAL

„Von der Jagdwache. Lassen Sie uns frei, Herr" 5

Den Grundherren stand das Jagdprivileg auf den bäuerlichen Feldern und das Recht der Taubenhaltung auf den Bauernhöfen zu. Die Tauben ernährten sich von den Feldern der Bauern und fraßen ihnen oft auch das Saatgut weg. Anonymes französisches Flugblatt.

MATERIAL

Steuern und Steuersystem in Frankreich im 18. Jahrhundert 6

Steuern ließ der König erheben, sie flossen somit direkt dem Staat zu. Das Steuersystem war insgesamt gesehen außerordentlich undurchsichtig. Klar war nur, dass die ersten beiden Stände weitgehend befreit waren. Der Klerus gab dem Staat nur freiwillige Zuwendungen und erhielt dafür von den Bauern den „Zehnten" als Steuer. So lag die steuerliche Belastung im Wesentlichen bei Bürgern und Bauern. Die letzteren jedoch hatten die Hauptlast zu tragen, da sie als einzige soziale Gruppe weder eine Befreiung von grundherrlichen Abgaben noch von staatlichen Steuern erreichen konnte. Regional und personal differierten die Steuern extrem.

Die direkten Steuerarten waren sehr vielfältig, z. B. die taille (Leibsteuer), die capitation (Kopfsteuer), die corvée (Frondienststeuer) oder der vingtième (Zwanzigste). Dazu gab es noch indirekte Steuern, wie etwa die traites, die alten Zölle im Landesinneren, oder die aides (Verbrauchssteuern auf Wein und andere Alkoholika). Äußerst verhasst war die gabelle (Salzsteuer). Diese Steuer für ein lebensnotwendiges Haushaltsmittel traf die arme Bevölkerung besonders hart.

Die Erhebung der direkten Steuern lag in der Hand der königlichen Verwaltung. Die indirekten Steuern dagegen wurden durch 60 Generalpächter eingezogen, denen eine eigene Steuerverwaltung zur Verfügung stand. Die Steuerpächter streckten die Steuer dem Staat vor und trieben daher mehr als nur die abzuführenden Steuern für sich wieder ein, gleichsam als Zinsen und für die eigene Lebenshaltung. Sie machten dabei riesige Gewinne.

Autorentext nach: Albert Soboul: Die Große Französische Revolution übs. J. Heitmann, D. Krause-Vilmar, Frankfurt/M. (EVA) 1973. S. 68–73.

MATERIAL

7 Ancien Régime und staatliche Modernisierungspolitik in Europa im 18. Jahrhundert

1709	Beginn der Verwaltungsreformen unter Peter dem Großen in Russland.
1714	Abschaffung des Hexereidelikts in Brandenburg Preußen.
1715	Kirchenreglement Peters des Großen in Russland.
1719/20	Ständeverfassung in Schweden (Eingrenzung des Absolutismus).
1722/23	Verwaltungsreform Friedrich Wilhelms I. in Brandenburg Preußen.
1737	Abschaffung des Hexereidelikts in Großbritannien.
1739	Abschaffung der Folter in Preußen.
1740	Beginn der Verwaltungsreform unter Maria Theresia in Österreich.
1749	Steuerreform im Herzogtum Mailand.
1749–55	Verwaltungsreformen in Spanien.
1750	Beginn der Reformpolitik im Königreich Neapel. Bayerische Strafrechtskodifikation; 1758 Zivilgesetzbuch „Codex Maximilianeus".
1757	Beginn der Reformpolitik in Portugal (nach Erdbeben von Lissabon 1755).
1763	Brandenburg Preußen: Generallandschulreglement. Frankreich: Steuerreformkonflikt.
1764	Beginn der Reformepoche in Polen unter Stanislaus II. Poniatowski.
1765	Säkularisierung der Kirchengüter in Russland.
1766/67	Physiokratische[1] Freihandelspolitik im Großherzogtum Toskana.
1767/68	Gesetzgebende Kommission in Russland.
1768	Strafrechtsreform in Österreich.
1770/71	Reformpolitik in Dänemark. Justizreform in Frankreich unter Maupeou; 1774 durch Ludwig XVI. aufgehoben.
1771	Beginn der physiokratischen[1] Reformpolitik in Baden.
1772	Physiokratische[1] Freihandelspolitik in Spanien. Wiederherstellung der absoluten Königsmacht in Schweden.
1773	Schulreform in Polen.
1774	Schulreform in Österreich.
1774–76	Physiokratische[1] Reformpolitik in Frankreich unter Turgot.
1775	Gouvernementsreform in Russland.
1776	Gründung einer staatlichen Marineingenieursschule im Osmanischen Reich.
1777–81	1. Reformministerium Neckers in Frankreich.
1780	Abschaffung der Folter in Frankreich.
1781	Beginn der radikalen Reformpolitik Josephs II. im Habsburgerreich
1782/83	Verwaltungsreform im Großherzogtum Toskana; 1783 Verfassungsentwurf; 1787 Strafgesetzbuch.
1783	Aufhebung der Leibeigenschaft in Baden.
1784–94	Kodifizierung des „Allgemeinen Landrechts" für die preußischen Staaten.
1785	Adels- und Städteordnung in Russland.
1786	Joseph II.: Zivilgesetzbuch in Österreich; Provinzialreform in der Lombardei.
1788	Frankreich: Konfessionelle Toleranz, Justizreform, 2. Reformministerium Neckers.
1788–92	Reformen des Reichstags in Polen (Konstitutionelle Verfassung Mai 1791).

[1] physiokratisch = ökonomische Theorie in Frankreich im 18. Jahrhundert

nach: Barbara Stolberg-Rilinger: Europa im Jahrhundert der Aufklärung. Stuttgart (Reclam) 2000. S. 204 f.

MATERIAL
König Ludwig XVI. verteilt Almosen an arme Bauern 8

Ludwig XVI., König von Frankreich, 1754–1793. „Ludwig XVI. *besucht die Armen während des Winters* 1788“. *Stahlstich, um* 1840, *nach Gemälde,* 1817, *von* Louis Hersent (1777–1860).

1. Vergleichen Sie den Aussagegehalt der beiden Bilder in der Einleitung.
2. Stellen Sie die Entwicklung der europäischen Städte und ihrer Einwohnerzahlen (M 1) zwischen 1600–1900 grafisch dar. Formulieren Sie Ihr Ergebnis in je einer Schlagzeile.
3. Vergleichen Sie Ihre Ergebnisse mit Städtekarten in einem Geschichtsatlas. Beziehen Sie hier auch z. B. Städte über 50 000 Einwohner ein.
4. Begründen Sie auch anhand der Einleitung die Entwicklung der Städte zwischen 1600–1900.
5. Stellen Sie Vermutungen auf über die Probleme in den Städten und die sich daraus ergebenden Erfordernisse.
6. Stadt – Land: ein doppeltes Missverhältnis von Besitz und Macht! Diskutieren Sie diese These.
7. Erarbeiten Sie ausgehend von M 2 Gründe, warum es in Ländern der zweiten Gruppe eher zu Revolutionen kommen konnte.
8. Erstellen Sie ausgehend von M 3, M 4 und M 6 eine Tabelle für die Stände in Frankreich nach dem folgenden Beispiel: Stand (Zusammensetzung, Anzahl) – Situation – Mögliche, zu vermutende Ziele.
   a) Beschreiben Sie die Situation in Frankreich.
   b) Stellen Sie eine Rangfolge der möglichen Ziele auf und vergleichen Sie diese.
   c) Diskutieren Sie die Möglichkeiten und Schwierigkeiten der Durchsetzung solcher Ziele.
9. Vergleichen Sie die staatlichen Modernisierungsmaßnahmen Frankreichs im 18. Jahrhundert (M 7) mit den von Ihnen vermuteten Zielen. Ordnen Sie M 8 in diesen Zusammenhang ein.
10. Vergleichen Sie auf der Basis von M 7 die Innenpolitik ausgewählter europäischer Länder im 18. Jahrhundert nach Reformmaßnahmen und Reformbereitschaft.

2.2 Aufklärung und neue Öffentlichkeit im Ancien Régime – Entsteht die Revolution im Kopf?

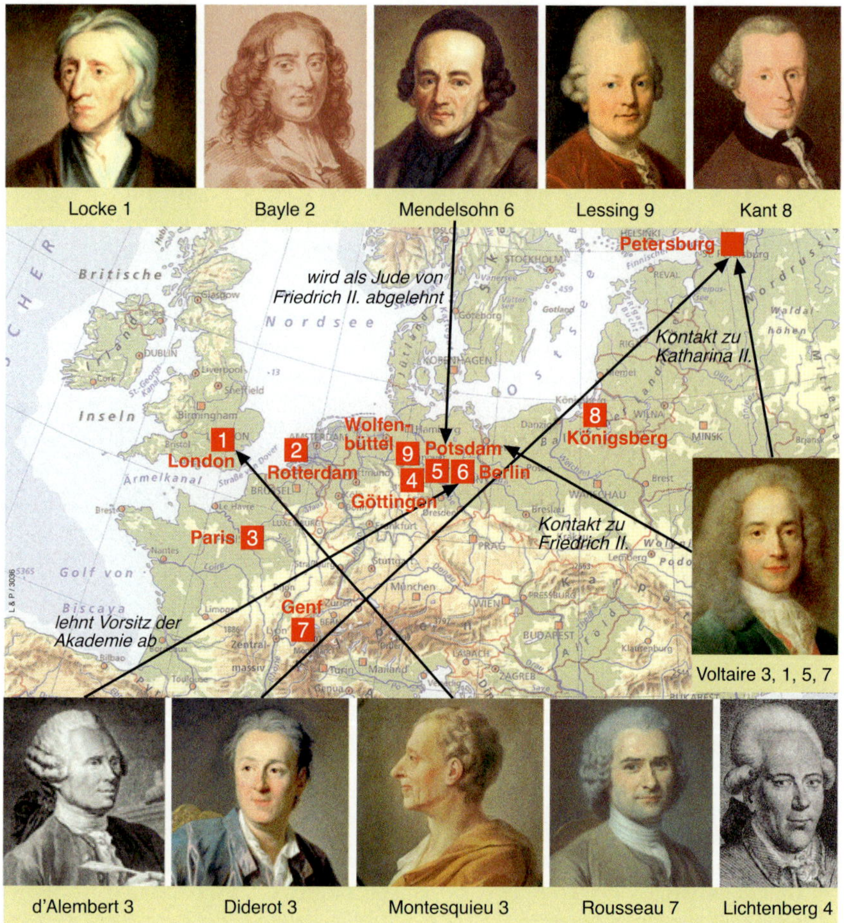

Zentren der Aufklärung in Europa und ihre Hauptvertreter.

Öffentlichkeit im 18. Jahrhundert

Regieren im Absolutismus fand hinter verschlossenen Türen statt – im „Geheimen Rat" des Königs mit seinen Ministern und hohen Beamten, den „Geheimräten" oder „Geheimen Räten". Das Volk draußen wurde mit den Erlassen und Gesetzen der Regierung konfrontiert und hatte ihnen ohne Diskussion zu gehorchen. Aber im Verlauf des 18. Jahrhunderts war es in weiten Teilen Mittel- und Westeuropas üblich geworden, in der Öffentlichkeit über alle Fragen des täglichen Lebens und ganz besonders auch über Politik zu debattieren und zu streiten: in Salons und Lesegesellschaften, in Kaffeehäusern und Kneipen, ja auch auf Märkten und Straßen. Wichtige Träger dieses „öffentlichen Diskurses" waren Beamte, Juristen, Ärzte, Wissenschaftler, Lehrer und vor allem auch Journalisten. Belehrende und unterhaltende Schriften und Traktate,

Monatszeitschriften und Zeitungen erreichten ein immer weiteres Publikum, schließlich die Bänkelsänger auch die leseunkundigen Schichten der Bevölkerung.

Öffentliches Recht

In Frankreich waren diese öffentlichen Debatten seit der Mitte des Jahrhunderts geradezu zu einer „politischen Kraft" geworden, ohne die kaum mehr etwas „lief", wie es der Historiker Ernst Hinrichs formuliert hat. So stellte man sogar in den siebziger Jahren am Hof in Versailles Überlegungen an, einen Lehrstuhl für „öffentliches Recht", d. h. des eigentlich nicht-öffentlichen Staatsrechts am Collège Royal einzurichten. Das Vorhaben wurde zwar vom Kanzler der königlichen Regierung mit der Begründung abgelehnt, dass dies für die Autorität des Königs gefährlich werden könne, zeigt aber, dass die königliche Regierung die Öffentlichkeit nicht mehr einfach ignorieren konnte.

Aufklärung, Absolutismus, öffentliche Diskussion

Damit wurde aber auch die Spannung deutlich, die zwischen dem absolutistischen Anspruch auf ein geheimes Regierungsgeschäft und dem demokratischen Anspruch auf öffentliche Diskussion herrschte. Entscheidende Bedeutung für dieses neue Verhältnis zwischen monarchischer Regierung und demokratischer Öffentlichkeit hatte die Aufklärung, obwohl ihre Ziele nicht von vornherein im Gegensatz zueinander standen. Das Feld der Aufklärung waren Wissenschaftlichkeit und Rationalität. Sie sollten Denken und Handeln in allen Lebensbereichen anleiten. Das kam durchaus der Politik der absoluten Monarchen, ihre Länder nach den Kriegen des 16./17. Jahrhunderts planvoll wieder aufzubauen und die Lebensbedingungen für die wachsende Bevölkerung gezielt zu verbessern, entgegen. Insofern vermochten Aufklärer und absolute Monarchen zunächst durchaus gut zusammenzuarbeiten, ja die zentralisierte Macht des modernen absoluten Staates bildete für die Aufklärer anfangs geradezu ein Mittel zur Umsetzung ihrer Verbesserungsziele. So war es auch nicht von vornherein im Sinne der Aufklärer, die Stellung der Fürsten als alleinige Herrscher in Zweifel zu ziehen.
Jedoch unterhöhlten die Prinzipien der Aufklärung selbst sowie ihre allmähliche Ausbreitung in der Gesellschaft die Stützen der absoluten, von einer göttlichen Macht legitimierten Herrschaft des Monarchen. Im folgenden Abschnitt werden daher philosophische und politische Ideen der Aufklärung sowie einige ihrer Wirkungen im Mittelpunkt stehen.

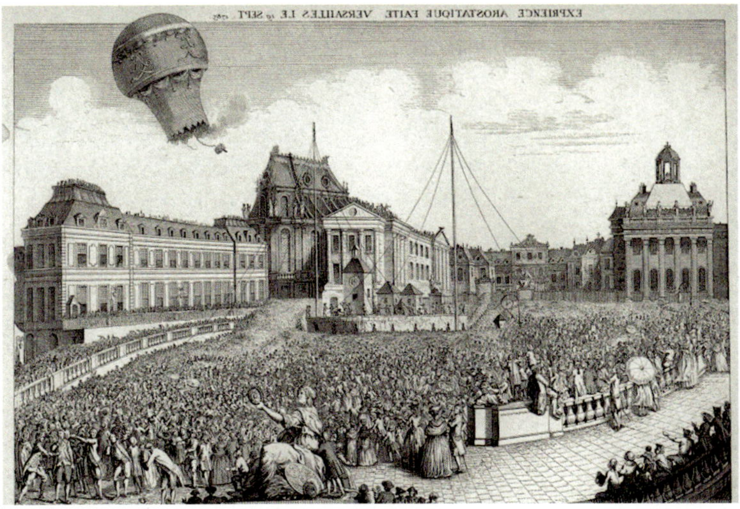

Montgolfiers Ballon über Versailles am 19. September 1783 vor ca. 100 000 Zuschauern unter Anwesenheit der Königsfamilie und des Hofadels.

MATERIAL
1 Bauzeichnung eines Webstuhls aus der „Encyclopédie", 1762

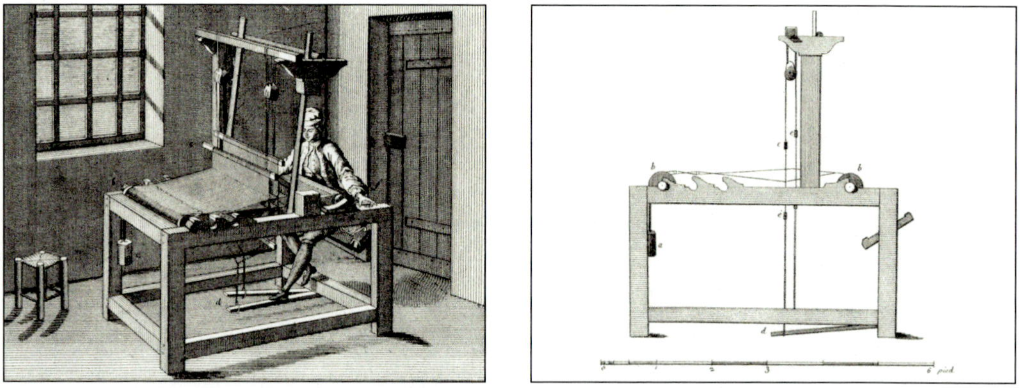

Unter dem Stichwort „Coton" findet sich diese Abbildung eines Webstuhls für Baumwolle. Kupferstich aus: D. Diderot *und* J. B. D'Alembert, *Encyclopédie des Sciences, des Arts et des Metiers,* 1751–1781. *Band von* 1762.

MATERIAL
2 „Freiheit" und „Gleichheit" in der „Encyclopédie"

Die Begriffe Liberté naturelle, Liberté à penser und Égalité naturelle werden von der Encyclopédie wie folgt definiert (am Ende in Klammern die jeweiligen Autorennamen):

a) Natürliche Freiheit, Liberté naturelle:
Dieses Recht gibt die Natur allen Menschen, damit sie über ihre Person und ihre Güter in der Weise verfügen, die ihrem Urteil nach ihrem Glück am meisten angemessen ist – allerdings mit der Einschränkung, dass sie dieses Recht in den Grenzen des Naturgesetzes anwenden und es nicht zum Schaden der anderen Menschen missbrauchen. Die natürlichen Gesetze sind also Richtschnur und Maßstab für diese Freiheit; denn obwohl die Menschen im primitiven Naturzustand voneinander unabhängig sind, sind sie doch alle abhängig von den natürlichen Gesetzen, von denen sie sich bei ihren Handlungen leiten lassen müssen.
Der erste Zustand, den der Mensch von Natur aus erwirbt und der als das kostbarste aller Güter gilt, die er besitzen kann, ist der Zustand der Freiheit; er kann weder gegen einen anderen getauscht noch verkauft werden, noch verloren gehen; denn natürlicherweise werden alle Menschen frei geboren; das heißt, sie sind nicht der Gewalt eines Herrn unterworfen, und niemand hat auf sie ein Eigentumsrecht. […] (Jaucourt.)

b) Denkfreiheit, Liberté de penser:
[…] Die wahre Denkfreiheit schützt den Geist vor Vorurteilen und Voreiligkeit. […] Sie sammelt vor allem ihre ganzen Kräfte gegen die Vorurteile, die uns die Erziehung in unserer Jugend in Bezug auf die Religion annehmen ließ, denn das sind die Vorurteile, von denen wir uns am schwierigsten frei machen; es bleibt immer eine Spur davon zurück, oft auch dann noch, wenn wir uns davon weit entfernt haben. […] Man muss sich darüber nicht wundern; die Bedeutung der Sache sowie das Beispiel unserer Eltern, die wir wirklich davon überzeugt sehen, sind mehr als ausreichende Gründe, um sie tief in unserem Herzen einzugraben, sodass es schwer ist, sie später auszulöschen. Die ersten Zeichen, die ihre Hände unserer Seele einprägen, hinterlassen immer tiefe und bleibende Eindrücke; unser Aberglaube ist so groß, dass wir Gott zu ehren glauben, wenn wir unserer Vernunft Fesseln anlegen; wir befürchten, uns vor uns selbst zu entlarven und uns im Irrtum befangen zu sehen, als ob die Wahrheit zu fürchten hätte, in hellem Licht zu erscheinen. […] (Abbé Mallet.)

c) Natürliche Gleichheit, Egalité naturelle:
Das ist die Gleichheit, die zwischen allen Menschen auf Grund der Beschaffenheit ihrer Natur

besteht. Diese Gleichheit ist das Prinzip und die Grundlage der Freiheit. [...]
Da die menschliche Natur sich bei allen Menschen als gleich erweist, ist es klar, dass jeder die anderen achten und behandeln muss wie ebensolche Wesen, die ihm von Natur aus gleichgestellt sind, das heißt, die ebenso gut Menschen sind wie er. [...]
Aber damit man mir nicht zu Unrecht unterschiebe, dass ich aus Fanatismus in einem Staat jenes Trugbild der absoluten Gleichheit[1] gutheiße, die schwerlich ein ideales Gemeinwesen hervorbringen kann, spreche ich hier nur von der natürlichen Gleichheit der Menschen. Ich kenne zu gut die Notwendigkeit der Standesunterschiede, der Rangstufen, der Ehren, der Auszeichnungen, der Vorrechte, der Unterordnung, die unter allen Regierungen bestehen muss, und ich behaupte sogar noch, dass die natürliche oder moralische Gleichheit ihr nicht widerspricht. Im Naturzustand werden die Menschen wohl in der Gleichheit geboren, können aber in ihr nicht bleiben; die Gesellschaft lässt sie diese Gleichheit verlieren, und sie werden erst durch die Gesetze wieder gleich. [...] (Jaucourt.)

[1] Gemeint ist die soziale und wirtschaftliche Gleichheit aller.

Diderots Encyklopädie. Eine Auswahl. Hrsg. v. Manfred Naumann. Leipzig (Reclam) 2001. S. 262 ff. u. 160 ff.

MATERIAL 3

Rückgang der Stiftung von Seelenmessen 1700–1789

„Seelenmessen" wurden von den Angehörigen Verstorbener in der Kirche gestiftet, um Gottes Gnade für das Seelenheil des Toten zu erbitten bzw. zu gewährleisten. Die Stiftung von Seelenmessen gehörte geradezu zu den Pflichten eines gläubigen katholischen Christen.
Der französische Historiker Michel Vovelle hat am Beispiel repräsentativer Orte der Provence aus Zehntausenden von Testamenten, die damals stark formalisiert waren und für die meisten sozialen Schichten über lange Zeiträume erhalten sind, alle im geistlichen Teil jener Testamente üblichen Formeln und Bestimmungen (wie Anrufung der Heiligen, Festlegung des Bestattungsortes, Armenspenden) für bestimmte Jahre ausgezählt und die chronologische Entwicklung dieser Zahlen grafisch dargestellt. Danach ergibt sich bei den Seelenmessen folgendes Bild für das 18. Jahrhundert. (Die folgende Grafik gibt eine Auswahl der von Vovelle untersuchten Orte wieder.)

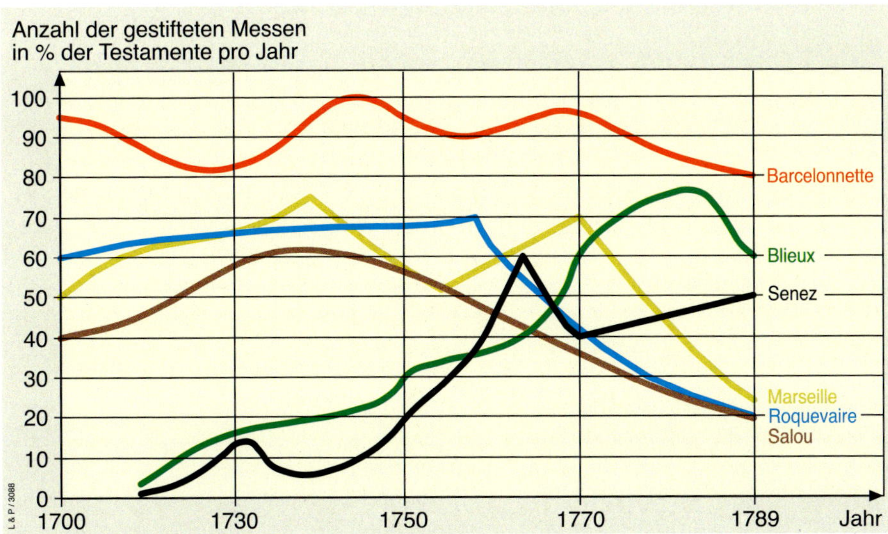

MATERIAL

4 John Locke: Über die Regierung (1689)

John Lockes (1632–1704) „Zwei Traktate über die Regierung", verfasst in der Zeit von 1680 bis 1689, gelten als das grundlegende politisch-theoretische Werk für die Gestaltung der Machtverhältnisse in England nach der Glorious Revolution von 1688. Locke geht davon aus, dass die Menschen von Natur aus zunächst in einem Zustand vollkommener Freiheit und Gleichheit über ihren Besitz und ihre Person verfügen können, nur eingeschränkt von den gleichen Rechten der anderen. Der Wunsch nach Sicherheit für ihre Person und ihren Besitz veranlasst die Menschen, sich zu einer „politischen Gesellschaft" zu verbinden und eine Regierung einzusetzen. Im Folgenden ein Auszug aus dem zweiten Traktat zur Frage der politischen Gewalt und ihrer Grenze:

Das große und hauptsächliche Ziel also, zu dem sich Menschen in Staatswesen zusammenschließen und sich unter eine Regierung stellen, ist die Erhaltung ihres Eigentums. Im Naturzustand fehlt dazu vielerlei.

Zum Ersten bedarf es eines eingeführten und anerkannten Gesetzes, das mit allgemeiner Zustimmung als die Norm für Recht und Unrecht und als der allgemeine Maßstab zur Entscheidung aller Streitfälle unter ihnen angenommen und anerkannt ist. […]

Zum Zweiten fehlt es im Naturzustand an einem anerkannten und unparteiischen Richter, mit Autorität alle Streitfälle nach dem eingeführten Gesetz zu entscheiden. […]

Zum Dritten fehlt es im Naturzustand häufig an einer Gewalt, die dem Urteil, wenn es gerecht ist, Rückhalt gibt, es unterstützt und für die gebührende Vollstreckung sorgt. […]

Aber obwohl die Menschen mit ihrem Eintritt in die Gesellschaft der Gleichheit, Freiheit und Exekutivgewalt des Naturzustandes verzichten, um sie in die Hände der Gesellschaft zu legen, damit die Legislative so darüber verfügen möge, wie es das Wohl der Gesellschaft verlangt, so geschieht das doch nur mit der Absicht jedes Einzelnen, sich seine Freiheit und sein Eigentum um so besser zu erhalten (denn von keinem vernunftbegabten Lebewesen wird man annehmen, dass es seine Lebensbedingungen mit der Absicht verändert, sie zu verschlechtern). […]

Wer immer Gewalt ohne Recht gebraucht – wie es jeder in der Gesellschaft tut, wenn er sie ohne das Gesetz gebraucht –, versetzt sich denjenigen gegenüber, gegen die er sie gebraucht, in den Kriegszustand. In diesem Zustand aber sind alle früheren Verpflichtungen gelöst, alle anderen Rechte haben ein Ende, und jeder hat das Recht, sich selbst zu verteidigen und dem Angreifenden Widerstand zu leisten.

John Locke: Über die Regierung [The Second Treatise of Government]. In der Übersetzung von Dorothee Tidow, hrsg. v. Peter Cornelius Mayer-Tasch. Bibliografisch ergänzte Ausgabe. Stuttgart (Reclam) 2003. S. 96, 98 f. u. 175.

MATERIAL

5 Charles de Montesquieu: Vom Geist der Gesetze (1748)

Sein eigentlicher Name war Charles de Secondat, Baron de la Brède et de Montesquieu (1689–1755). Sein Hauptwerk ist die staatstheoretische Schrift: „De l'esprit des lois", aus der der folgende Auszug entnommen ist:

In jedem Staat gibt es drei Arten von Gewalt: die gesetzgebende Gewalt, die vollziehende Gewalt in Ansehung der Angelegenheiten, die vom Völkerrechte abhängen, und die vollziehende Gewalt hinsichtlich der Angelegenheit, die vom bürgerlichen Recht abhängen. Vermöge der ersten gibt der Fürst oder Magistrat Gesetze auf Zeit oder für immer, verbessert er die bestehenden oder hebt sie auf. Vermöge der zweiten schließt er Frieden oder führt er Krieg, schickt oder empfängt Gesandtschaften, befestigt die Sicherheit, kommt Invasionen zuvor. Vermöge der dritten straft er Verbrechen oder spricht das Urteil in Streitigkeiten der Privatpersonen. Ich werde diese letzte die richterliche Gewalt und die andere schlechthin die vollziehende Gewalt des Staates nennen.

Die politische Freiheit des Bürgers ist jene Ruhe des Gemüts, die aus dem Vertrauen erwächst, das ein jeder zu seiner Sicherheit hat. Damit man diese Freiheit hat, muss die Regierung so eingerichtet sein, dass ein Bürger den anderen nicht zu fürchten braucht.

Wenn in derselben Person oder der gleichen obrigkeitlichen Körperschaft die gesetzgebende Gewalt mit der vollziehenden vereinigt ist, gibt es keine Freiheit; denn es steht zu befürchten, dass derselbe Monarch oder derselbe Senat tyrannische Gesetze macht, um sie tyrannisch zu vollziehen.

Es gibt ferner keine Freiheit, wenn die richterliche Gewalt nicht von der gesetzgebenden und vollziehenden getrennt ist. Ist sie mit der gesetzgebenden Gewalt verbunden, so wäre die Macht über Leben und Freiheit der Bürger willkürlich, weil der Richter Gesetzgeber wäre. Wäre sie mit der vollziehenden Gewalt verknüpft, so würde der Richter die Macht eines Unterdrückers haben.

Alles wäre verloren, wenn derselbe Mensch oder die gleiche Körperschaft der Großen, des Adels oder des Volkes diese drei Gewalten ausüben würde: die Macht, Gesetze zu geben, die öffentlichen Beschlüsse zu vollstrecken und die Verbrechen oder die Streitsachen der Einzelnen zu richten. […]

Die Liebe zum Staat in einer Demokratie ist die Liebe zur Demokratie, und die Liebe zur Demokratie ist die Liebe zur Gleichheit.

Die Liebe zur Demokratie ist weiter die Liebe zur Einfachheit. Da jedem hier dasselbe Glück und dieselben Vorteile zustehen sollen, müssen alle auch die gleichen Freuden genießen, die gleichen Hoffnungen hegen dürfen; das aber ist nur bei einer allgemeinen Anspruchslosigkeit denkbar. […]

So, wie die Gleichheit die Einfachheit erhält, so bewahrt auch die Einfachheit die Gleichheit der Vermögen. Und wenn beides auch zwei verschiedene Dinge sind, so können sie doch nicht ohne einander bestehen; jedes ist gleichzeitig Ursache und Wirkung: wenn das eine die Demokratie verlässt, folgt ihm das andere immer nach.

Rainer Specht (Hrsg.): Geschichte der Philosophie in Text und Darstellung. Bd. 5: Rationalismus. Stuttgart (Reclam) 1986. S. 62f u. 69f.

MATERIAL 6

Jean-Jacques Rousseau: Der Gesellschaftsvertrag (1754)

Jean-Jacques Rousseau (1712–1778) stammte aus Genf und lebte zeitweise in Frankreich und der Schweiz. Er verfasste u. a. Artikel für die „Encyclopédie". 1754 entstand der berühmte Essay „Du contrat social ou principes du droit politique", in einer Überarbeitung als Erstdruck in Amsterdam 1762 erschienen; erste deutsche Übersetzung (anonym) unter dem Titel „Gedanken von dem gesellschaftlichen Leben der Menschen oder Staatsrecht", Marburg 1763. Im Folgenden ein knapper Auszug nach der Reclam-Übersetzung 1968:

Scheidet man also vom Gesellschaftsvertrage alles aus, was nicht zu seinem Wesen gehört, so wird man sich überzeugen, dass er sich in folgende Worte zusammenfassen lässt: „Jeder von uns stellt gemeinschaftlich seine Person und seine ganze Kraft unter die oberste Leitung des allgemeinen Willens, und wir nehmen jedes Mitglied als untrennbaren Teil des Ganzen auf."

An die Stelle der einzelnen Person jedes Vertragabschließers setzt solcher Gesellschaftsvertrag sofort einen geistigen Gesamtkörper, dessen Mitglieder aus sämtlichen Stimmabgebenden bestehen, und der durch ebendiesen Akt seine Einheit, sein gemeinsames Ich, sein Leben und seinen Willen erhält. […]

Der Grundvertrag hebt nicht etwa die natürliche Gleichheit auf, sondern setzt im Gegenteil an die Stelle der physischen Ungleichheit, die die Natur unter den Menschen hätte hervorrufen können, eine sittliche und gesetzliche Gleichheit, sodass die Menschen, wenn sie auch an körperlicher und geistiger Kraft ungleich sein können, durch Übereinkunft und Recht alle gleich werden.[1] […]

Die erste und wichtigste Schlussfolge aus den bis jetzt aufgestellten Grundsätzen ist die, dass der allgemeine Wille allein die Kräfte des Staates dem Zwecke seiner Einrichtung gemäß, der in dem Gemeinwohl besteht, leiten kann […]. Einzig und allein nach diesem gemeinsamen Interesse muss die Gesellschaft regiert werden.

Ich behaupte also, dass die Staatshoheit, die nichts anderes als die Ausübung des allgemeinen Willens ist, nie veräußert werden kann und sich das Staatsoberhaupt als ein kollektives Wesen nur durch sich selbst darstellen lässt. Die Macht kann wohl übertragen werden, aber nicht der Wille. […]

Die Abgeordneten des Volkes sind also nicht seine Vertreter und können es gar nicht sein; sie sind nur seine Bevollmächtigten und dürfen nichts entscheidend beschließen. Jedes Gesetz, das das Volk nicht persönlich bestätigt hat, ist null und nichtig; es ist kein Gesetz. Das englische Volk wähnt frei zu sein; es täuscht sich außerordentlich; nur während der Wahlen der Parlamentsmitglieder ist es frei; haben diese stattgefunden, dann lebt es wieder in Knechtschaft, ist es nichts. […] Sobald ein Volk Vertreter ernennt, ist es nicht mehr frei, existiert es nicht mehr.

[1] Rousseau hat zu dieser Stelle eine Anmerkung gesetzt: „Unter schlechten Regierungen ist diese Gleichheit nur scheinbar und trügerisch; sie dient nur dazu, den Armen in seinem Elend und den Reichen in seinem widerrechtlich erlangten Besitz zu erhalten. In Wahrheit sind die Gesetze immer nur für diejenigen wohltätig, die etwas besitzen, und den Besitzlosen schädlich, woraus folgt, dass den Menschen der gesellschaftliche Zustand nur solange vorteilhaft ist, als jeder etwas und keiner zuviel hat."

Jean-Jacques Rousseau: Der Gesellschaftsvertrag. Philosophie von Platon bis Nietzsche, Digitale Bibliothek 2. Berlin 2004. S. 21165 f., 21178, 21179, 21300 u. 21303 [= Der Gesellschaftsvertrag. Stuttgart (Reclam) 1968. Anm. 1 nur in der gedruckten Fassung. S. 53].

MATERIAL

7 Das Café der Patrioten

Zeichnung (Aquatinta) des frz. Grafikers Jean-Francois Janinet (1752–1814).

MATERIAL 8

Die Zahl der „Journale"[1] in Frankreich 1600–1780

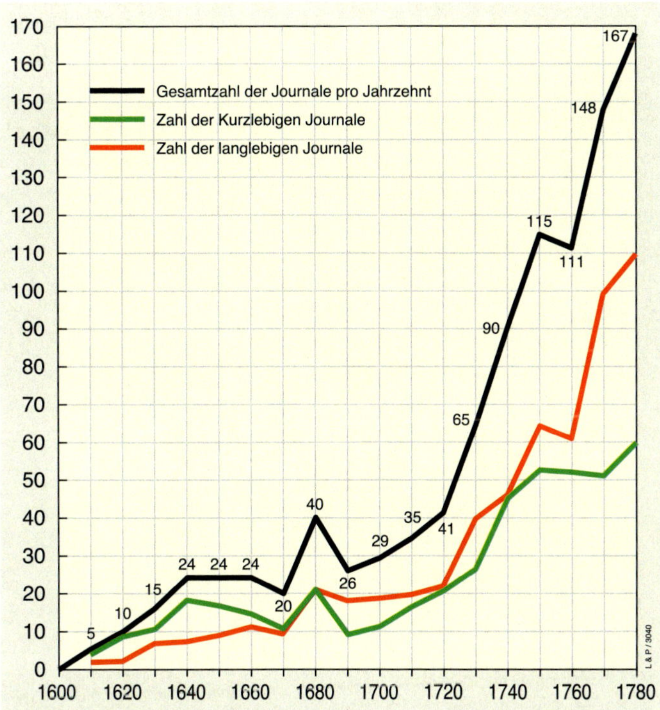

[1] Umfasst hier Monats- und Wochenjournale sowie Tageszeitungen (letztere nahmen seit den 1770er-Jahren besonders zu).

MATERIAL 9

Rousseau über die weibliche Erziehung (1762)

Rousseau hat in seinem wichtigen pädagogischen Werk „Emile oder Über die Erziehung", das in Europa breit rezipiert wurde, seine Vorstellung von einer „natürlichen" Erziehung dargelegt, die sich den individuellen Möglichkeiten und natürlichen Fähigkeiten des Kindes anpasst, um eine freie Entfaltung seiner Persönlichkeit zu gewährleisten.
Im 5. Kapitel befasst sich Rousseau mit der „Erziehung der Frau". Er geht davon aus, dass Mann und Frau in der Funktionsweise ihres Körpers gleich seien, aber als Geschlechter auch sehr verschieden. Bei der Zeugung sei der Mann von Natur aus das „starke", vom Wollen bestimmte Geschlecht, die Frau dagegen das „schwache", von der Unterwerfung bestimmte:

Ich glaube, dass man nach diesen Betrachtungen im Allgemeinen bestimmen kann, welche Art Bildung dem Geist der Frauen entspricht und worauf man von Jugend an ihre Überlegungen lenken soll. […] Das Wesentliche ist, das zu sein, was die Natur aus uns machte; man ist immer nur zu sehr, was die Menschen uns sein lassen wollen.
Die Erforschung der abstrakten und spekulativen Wahrheiten, der Prinzipien, der Axiome in der Wissenschaft, alles, was darauf hinauswill, die Vorstellungen zu verallgemeinern, gehört nicht zu den Aufgaben der Frauen, ihre Studien müssen sich alle auf die Praxis beziehen; ihre Sache ist es, die Prinzipien, die der Mann erforscht hat, anzuwenden und die Beobachtungen anzustellen, die den Mann zur Aufstellung der Prinzipien führen. Alle Reflexionen der Frauen über das, was nicht unmittelbar mit ihren Pflichten zusammenhängt, sollen auf das Studium der Männer zielen oder auf angenehme Erkenntnisse, deren Gegenstand nur das Geschmackvolle ist; denn was die Werke des Geistes anbetrifft, so übersteigen sie ihr Fassungsvermögen. Auch besitzen die

Frauen zu wenig Geistesschärfe und Ausdauer, um es in den exakten Wissenschaften zu etwas zu bringen; und die naturkundlichen Kenntnisse sind Sache dessen, der von beiden am tätigsten ist, am beweglichsten, der die meisten Dinge sieht; dessen, der mehr Stärke besitzt und sie mehr nützt, um die Verhältnisse der empfindsamen Wesen und die Gesetze der Natur richtig zu beurteilen. Die Frau, die schwach ist und nichts außerhalb ihrer selbst erkennt, schätzt und beurteilt die Triebkräfte, die sie einsetzen kann, um ihrer Schwäche beizukommen, und diese Triebkräfte sind die Leidenschaften des Mannes. Der Mechanismus der Frau ist kraftvoller als der unsere, alle seine Hebel rütteln das Menschenherz auf. Alles, was ihr Geschlecht aus sich nicht vollbringen kann, was ihm aber angenehm oder notwendig ist, muss sie uns durch ihre Kunst wollen lassen; so muss sie den Geist des Mannes gründlich erforschen, nicht den Geist des Mannes in der Abstraktion und im Allgemeinen, sondern den Geist der Männer, die sie umgeben, den Geist der Männer, denen sie untergeordnet ist – sei es durch das Gesetz, sei es durch die gesellschaftliche Meinung. Sie muss durch ihre Reden, ihre Blicke und Gebärden die Empfindungen der Männer ergründen. Sie muss ihnen durch ihre Reden, ihre Handlungen, Blicke und Gebärden die Gefühle einzuflößen verstehen, an denen ihr liegt, ohne dass es nicht einmal den Anschein hat, als täte sie es bewusst. Die Männer können besser über das menschliche Herz philosophieren, die Frau aber kann besser im menschlichen Herzen lesen. An ihnen ist es, sozusagen die Erfahrungsmoral zu finden, an uns, sie auf ein System zu reduzieren. Die Frau hat mehr Witz, der Mann mehr Geist; die Frau beobachtet, der Mann denkt.

Zit. nach: Anne Conrad/Kerstin Michalik (Hrsg.): Quellen zur Geschichte der Frauen. Band 3: Neuzeit. Stuttgart (Reclam) 1999, S. 227 ff.

1. Beschreiben Sie das Selbstverständnis der Aufklärung anhand der Bilder Seite 20–21 und M 1 sowie des Einleitungstextes.
2. Stellen Sie einige Folgen der Aufklärung für das Leben zusammen (Einleitungstext und -bilder, M 1, M 3, M 7, M 8, ev. Lexikon).
3. Diskutieren Sie das Menschenbild der Verfasser von M 2.
4. Bestimmen Sie das Verhältnis der beiden staatstheoretischen Ansätze von John Locke (M 4) und Charles de Montesquieu (M 5).
5. Vergleichen Sie die Aussagen John Lockes (M 4) und Jean-Jacques Rousseaus (M 6) zum Staat.
6. Verfassen Sie eine Antwort Montesquieus (M 5) und Rousseaus (M 6) auf John Locke (M 4).
7. Entwerfen Sie Stellungnahmen der Staatstheoretiker (M 4 – M 6) zur „absoluten Monarchie".
8. Führen Sie ein Streitgespräch über die bei den Aufklärern verbreitete Auffassung Jean-Jacques Rousseaus über die Geschlechter (M 9).
9. Veranschaulichen Sie die Ambivalenz der Aufklärung zwischen Disziplinierung und Freiheit in einer Grafik.
10. Formulieren Sie eine Antwort auf die Fragen in den Überschriften von Abschnitt 2.1 und 2.2.

2.3 Die Krise in Frankreich spitzt sich zu – Reform oder Revolution?

„Le temps present veut que chacun supporte le grand Fardeau." – In dieser Zeit muss jeder die große Last mittragen. Anonyme Zeichnung Ende 18. Jahrhundert. Auf dem Packen steht: „Dette Nationale" (Staatsschulden) und „Impot Territoriale" (Bodensteuer).

Ein krisenhaftes politisches Klima

Für weite Teile Europas im letzten Drittel des 18. Jahrhunderts konstatiert die Historikerin Barbara Stollberg-Rilinger ein „krisenhaftes politisches Klima". Bevölkerungsdruck, Kriegsfolgen, Finanznot der Regierungen, wirtschaftliche Verelendung ländlicher und städtischer Unterschichten, höfische Verschwendung, verkrustete Ständestrukturen und Privilegien führten zu dieser Legitimationskrise des Ancien Régime, die durch den Reformdruck und den Widerstand gegen allzu radikale Reformen, wie unter Kaiser Joseph II. in Österreich, noch gesteigert wurde.

Finanz- und Staatskrise in Frankreich

In Frankreich aber war es letztlich die Finanzkrise, die sich zu einer allgemeinen Staatskrise auswuchs. Alle Versuche, durch Wirtschafts- und Finanzreformen die Steuereinnahmen des Staates zu steigern, scheiterten am Widerstand der privilegierten Stände des Adels und des Klerus. Mithilfe der von ihnen beherrschten obersten Gerichtshöfe, der sogenannten Parlamente, blockierten sie jeglichen gesetzlichen Wandel. Der Staat griff daher zum scheinbar einfacheren Mittel, die unmittelbaren Steuer- und Abgaben des Dritten Standes zu erhöhen, was die Unruhe der Bauern auf dem Lande und der Bürger in den Städten nur förderte.

Argumente der Aufklärung

In diesen Konflikten stellte die Aufklärung die Argumente und politischen Schlagworte bereit, mit denen diese sich vielfältig überlagernden Konflikte zwischen Monarchen und Ständen, zwischen den Ständen und innerhalb der Stände selber in einer immer breiteren und heftigeren öffentlichen Debatte ausgetragen wurden. Der folgende Abschnitt hat die Zuspitzung der Auseinandersetzungen in Frankreich zum Gegenstand.

MATERIAL
1 Satirische Allegorie auf das Hofleben (vor 1789)

Die Königin Marie-Antoinette im Zentrum des Bildes, rechts auf dem Thron der König Ludwig XVI.

MATERIAL
2 Aus einem Brief Diderots an die russische Fürstin Daschkova vom 3. April 1771

Die Fürstin Daschkova war zeitweise enge Vertraute der Zarin Katharina II. Beide Frauen standen der Aufklärung nahe und hatten brieflichen Kontakt mit Diderot. Die Fürstin Daschkova hielt sich später häufig in Frankreich auf. Ihr schrieb Diderot anlässlich der Vertreibung des katholischen Jesuitenordens aus der Bretagne durch den Generalanwalt des dortigen Parlaments. Jesuiten waren wichtige Ratgeber des Königs und in dieser Funktion für die Parlamente geradezu Erzfeinde. Bereits 1764 hatten die Parlamente ein Verbot des Ordens in Frankreich erreicht, nun sollte es auch in der Bretagne durchgesetzt werden. Jedoch der Gouverneur der Provinz ließ als Vertreter des Königs den Generalanwalt ins Gefängnis werfen. Dies löste die „affaire de Bretagne" aus:

Das Parlament der Provinz verteidigt seinen Amtsträger, und die Angelegenheit wird vor das Parlament der Hauptstadt gebracht; das Parlament der Hauptstadt ruft die Rache auf den Vertreter des Hofes herab, und der Hof verteidigt mit gleicher Wärme seinen Vertreter. Während sich dieses spaßige Knäuel entrollt, legt sich der Gebieter eine neue Gebieterin zu, der Erste Minister ernennt einen Richterbeamten anstelle des Kanzlers, und flugs arbeitet der Kanzler auf den Sturz des Ministers hin und hat damit Erfolg. Besagter Kanzler nimmt die Sache des Vertreters des Hofes in die Hand, und da er kein anderes Mittel sieht, seinen Schützling der Härte der Gesetze zu entziehen, als das Parlament der Hauptstadt zu stürzen, unterbreitet er besagtem Parlament einen Erlass, von dem er sicher ist, dass man ihn zurückweisen wird. Tatsächlich wird der Erlass zurückgewiesen und das Parlament der Hauptstadt aufgelöst […].
Dieses Ereignis hat große Aufregung in allen Rangordnungen des Staates hervorgerufen. Die Fürsten legen Verwahrung ein, die anderen Ge-

richte legen Verwahrung ein, der gesamte Adel legt Verwahrung ein; Verwahrungen, wohin man blickt. Die Köpfe erhitzen sich und dieses Feuer greift schrittweise um sich, die Grundsätze der Freiheit und Unabhängigkeit, einst in den Herzen einiger Selbstdenkender verborgen, gewinnen an Boden und werden offen ausgesprochen.
Jedes Jahrhundert hat einen Geist, der es kennzeichnet. Der Geist des unsern scheint der der Freiheit zu sein. Die erste Attacke gegen den Aberglauben ist heftig und maßlos gewesen. Aber wenn die Menschen einmal irgendwie gewagt haben, den Schutzwall der Religion anzugreifen – den fürchtenswertesten und geachtetsten, den es gibt –, dann ist kein Halten mehr. Haben sie erst einmal drohende Blicke gegen die Majestät des Himmels gerichtet, dann werden sie sie alsbald gegen die Herrschaftsverhältnisse auf der Erde richten. Das Tau, das die Menschheit festhält und einschnürt, ist aus zwei Seilen gemacht, das eine kann nicht nachgeben, ohne dass das andre zerreißt.
Dies ist unsere gegenwärtige Lage. Wer vermöchte zu sagen, wohin sie uns führt? Macht der Hof einen Rückzieher, so werden seine Gegner ihre Kraft gewahren, was schwerwiegende Folgen nach sich ziehen müsste. Wir nähern uns einer Krise, die auf Sklaverei oder Freiheit hinauslaufen wird [...]. Wenn alle Parlamente aufgelöst sind, und Frankreich von kleinen Gerichtshöfen aus gewissen und einflusslosen, auf das erste Zeichen ihres Herrn absetzbaren Beamten überflutet wird, dann ade, Privilegien der verschiedenen Stände! Ohne dieses ausgleichende Prinzip wird die Monarchie zum Despotismus entarten.

Denis Diderot: Briefe. 1742–1781. Ausgew. und hrsg. v. Hans Hinterhäuser, Frankfurt/M. (Insel Verlag) 1984, S. 353.

MATERIAL 3

Die Finanzkrise des Staates und Lebenshaltungskosten

Von den jährlichen Ausgaben des Staates mussten ungefähr 50% für die Verzinsung der Schulden, 25% für den Unterhalt des Militärs, 19% für die Zivilverwaltung und 6% für die königliche Hofhaltung ausgegeben werden. Die Finanzkrise am Beispiel zweier Haushaltsjahre, unten: Entwicklung der Lebensmittel und Löhne.

Jahr	*Einnahmen*	*Ausgaben*	*davon: Zins und Tilgung für Anleihen*
1778	503 Mio. Livres	629 Mio. Livres	318 Mio. Livres
1789	475 Mio. Livres	531 Mio. Livres	235 Mio. Livres

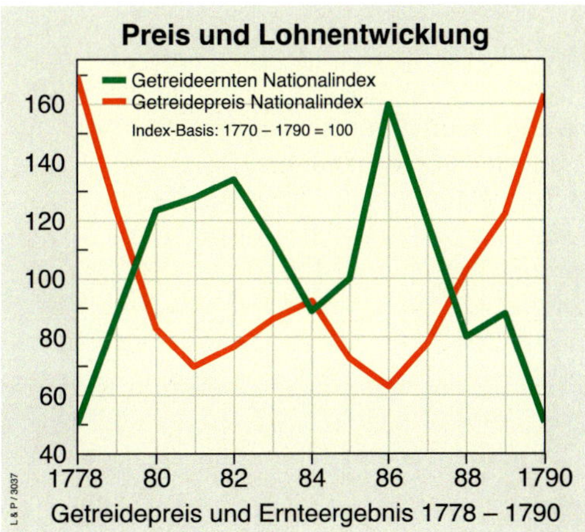

Getreidepreis und Ernteergebnis 1778 – 1790

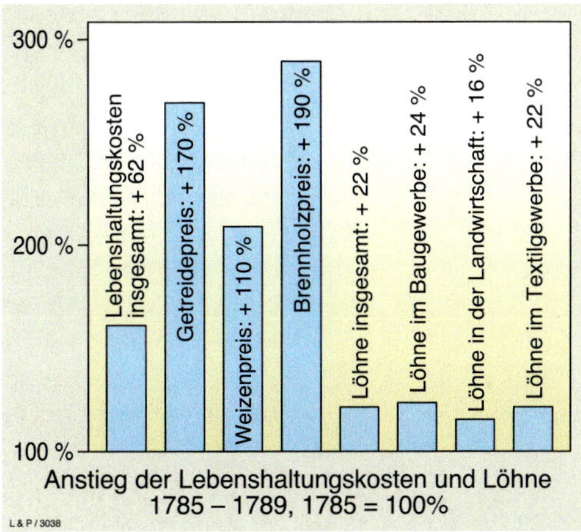

Anstieg der Lebenshaltungskosten und Löhne 1785 – 1789, 1785 = 100%

MATERIAL

4 Reformen in Frankreich in der 2. Hälfte des 18. Jahrhunderts

Die Finanzkrise Frankreichs drohte vor allem durch den verlustreichen Siebenjährigen Krieg (1756–1763) unter Ludwig XV. und schließlich durch die zwar erfolgreiche, aber finanziell ruinöse Unterstützung des amerikanischen Unabhängigkeitskrieges von 1778 bis 1783 unter Ludwig XVI. den Staat in den Bankrott zu führen. Die Versuche zur Behebung der Finanzkrise orientierten sich im Kern an den ökonomischen Lehren der Merkantilisten bzw. Physiokraten.
Die physiokratischen Maßnahmen setzten vornehmlich in der Wirtschaft auf eine Liberalisierung des Getreidehandels und der Gewerbeordnungen, z. B. der Aufhebung der Zünfte. Finanzpolitisch verfolgten sie tief greifende Steuerreformen, z. B. die Einführung einer einzigen Steuer auf Bodenertrag statt der bestehenden Steuervielfalt. Verfassungspolitisch versuchten sie die Adelsprivilegien zu beschneiden und die Königsmacht gegenüber den vom Adel beherrschten „Parléments" (obersten Gerichtshöfen) zu stärken. Dazu sollte die Mitbestimmung von „Notabelnversammlungen" dienen, die eigens vom König einberufen wurden und mehrheitlich adelig waren. Man hoffte so, durch die Zustimmung dieser Vertretungen die Parlamente umgehen oder zumindest unter Druck setzen zu können.
Die eher merkantilistisch orientierten Reformer verfolgten wirtschaftlich ihre klassischen Ziele der staatlichen Handels- und Gewerbeförderung. Den Finanzbedarf des Staates suchten sie hauptsächlich durch Anleihen beim Geld besitzenden Bürgertum zu decken und diesem durch Änderungen bei der Steuererhebung, z. B. Abschaffung des Pachtsystems, entgegenzukommen. Verfassungspolitisch gingen sie den Weg, die ständischen Mitbestimmungsrechte zu stärken, was in der Form allerdings auf eine Beschränkung der absoluten Königsmacht hinauslief.

1764	Erster physiokratischer Versuch zum freien Getreideexport; Scheitern am Widerstand der Bevölkerung wegen der stark steigenden Brotpreise.
1774–1776	Umfassende physiokratische Gesetzgebung des Finanzministers Robert Jaques Baron Turgot; Niederschlagung von Unruhen wegen steigender Brotpreise; Ablehnung der Gesetze durch die Parlamente. Sturz Turgots wegen seiner Ablehnung einer Beteiligung Frankreichs am amerikanischen Unabhängigkeitskrieg gegen England.
1776–1781	Der eher merkantilistisch orientierte Bankier Jaques Necker ist Nachfolger Turgots; Finanzierung der Kriegsbeteiligung in Nordamerika durch Anleihen; Abschaffung der Steuerpacht; Mitbestimmung durch eine Notabelnversammlung; Scheitern am Widerstand des Pariser Parlément und des Hofes.
1783–1787	Physiokratische Reformen des Ministers Charles Alexandre de Calonne; überraschende Weigerung der Notabelnversammlung, über die Gesetze abzustimmen.
1788–1789	Erneute Berufung Neckers zum Finanzminister: Einberufung der seit 1614 nicht mehr tagenden Generalstände zur Steuerbewilligung; Verdopplung der Zahl der Abgeordneten des 3. Standes auf 600 mit dem Ziel eines Bündnisses zwischen Königtum und 3. Stand. Entlassung Neckers am 11. Juli 1789, drei Tage später am 14. Juli: Sturm auf die Bastille.

Autorentext

MATERIAL

Die Cahiers de doléances, die Beschwerdehefte, Frühjahr 1789 5

a) Aus dem Cahier der Gemeinde Etrépagny (Département Eure, Normandie), redigiert am 22./25. März 1789 (gekürzt):

3. Das Kriminalgerichtsverfahren soll reformiert werden, der Angeklagte soll einen Rechtsbeistand und das Protokoll seines Verhörs bekommen und nach der Verhandlung volle Akteneinsicht nehmen können, und vor der Vollstreckung des Urteils soll ihm ein Aufschub gewährt werden. [...]

6. Alle Richterämter sollen nicht mehr käuflich sein; sie sollen nach Verdienst verliehen werden, nach der Entscheidung der Bürger, die dadurch das Recht bekommen, die Richter des Gebiets zu wählen, in dem sie leben. [...]

12. Alle finanziellen Privilegien des geistlichen Standes und des Adels sollen abgeschafft werden, sodass alle Franzosen durch eine Geldabgabe[1] und Kopfsteuer den Satz entrichten, der für den Grund und Boden festgesetzt wird, und somit jede Steuer für die drei Stände von Bürgern gleich ist. [...]

26. Alle Gehölze, Baumgruppen und jedes Gebüsch am Rand der Landstraßen oder Seitenwege soll beseitigt werden, weil diese Orte oft als Unterschlupf für Verbrecher dienen.

27. Es soll verboten sein, Kaninchen anders als in mit Mauern umgebenen Gehegen zu halten, und die wilden Kaninchen in den Wäldern des Königs sollen ausgerottet werden.

28. Frankreich soll nur ein einziges Recht[2], ein Gesetz, die gleichen Maße und Gewichte und eine einheitliche Eichabgabe haben. [...]

35. Die Generalstände sollen das Recht haben, alle zwanzig Jahre zu tagen, um Missstände zu beseitigen und dem Herrscher ihre Vorstellungen zu unterbreiten.

36. In allen Provinzen sollen alle drei Jahre Abgeordnete bestimmt werden, um die Generalstände in kleinerem Rahmen zu repräsentieren; sie sollen sich an dem Ort versammeln, den der Herrscher ihnen zuweist, und jeder Bürger soll diesen Abgeordneten seine Ansichten und Beschwerden vortragen können.

37. Diesen Abgeordneten soll das Recht zugestanden werden, alle Pensionen [Steuern] zu bewilligen oder abzulehnen, die vom Herrscher erbeten werden. [...]

[1] Gemeint ist wohl, dass Kopf- und Grundsteuern vereinheitlicht werden sollen.
[2] Es galt das mittelalterliche europäische „Gewohnheitsrecht", das in Sammlungen für eine Stadt oder eine Grundherrschaft bewahrt wurde; diese wurden nach Bedarf ergänzt, woraus sich eine verwirrende Vielfalt der Vorschriften ergab.

b) Aus dem Cahier der Lastenträger von Marseille, redigiert am 22. März 1789 (Auszug). Bei der Versammlung der Zunft der Lastenträger waren nicht weniger als 650 Wahlberechtigte anwesend. Ihr Heft gliedert sich in Forderungen, die sie als Franzosen erheben und die die Organisation des Staates allgemein betreffen, Forderungen der Bürger von Marseille und zuletzt spezifische Forderungen der Lastenträger:

[...] Bekanntlich gibt es in Marseille eine beträchtliche Zahl von Leuten, die Lasten tragen und die *robeirols*[1] heißen. Sie sind fast alle Fremde und ohne festen Wohnsitz, und bisher haben sie sich immer an den Straßenecken aufgestellt. Noch nie hatten sie sich Plätze am Zaun des Hafens gesucht, wo sich die Mitglieder der Korporation der Lastenträger aufhalten. Heute mischen sie sich unter diese, werden manchmal für (zunftgemäße) Lastenträger gehalten, und diese Irrtümer haben sich schon oft als verhängnisvoll erwiesen. Die strenge und genaue Zunftordnung der Lastenträger ist bekannt; man weiß, wie notwendig sie in einer Stadt ist, wo die Geschäftsleute ihnen die Schlüssel ihrer Lager anvertrauen, die äußerst kostbare Waren enthalten. Wenn sich nun die robeirols am Hafen unter sie mengen und dadurch Missverständnisse provozieren können, gibt es keine Sicherheit mehr für die Güter der Händler, und das Misstrauen wird sich notwendigerweise auch auf die (zunftgemäßen) Lastenträger ausdehnen, die von sich zu behaupten wagen, dass sie bisher ein völlig verdientes Vertrauen genossen haben.

Es sollte folglich den robeirols untersagt werden, sich am Hafen aufzustellen. Die ganze übrige Stadt stünde ihnen offen, und sie dürften sich über ein so eingeschränktes Verbot kaum beklagen können. Man kann es wirklich nicht als Angriff

Claude-Joseph Vernet, Marseille, Hafen, 1754: Entladen und Beladen der Schiffe. Musee de la Marine, Paris.

auf die (Gewerbe-) Freiheit betrachten, angesichts des großen Interesses des Handels und der Eigentümer (an dieser Lösung) und wenn man andererseits berücksichtigt, dass die robeirols fast alle Fremde sind und dass die wenigen, die aus Marseille stammen, wegen Veruntreuungen aus der Zunft der Lastenträger davongejagt worden sind.

Die Lastenträger ersuchen die Versammlung des Dritten Standes dringend, diese verschiedenen Beschwerdegründe in Betracht zu ziehen. Sie müssen nicht bezeugen, dass sie ihren König, ihr Vaterland und ihre Mitbürger lieben, dass ihnen die wertvollen Interessen des Eigentums, des Handels und Gewerbes am Herzen liegen und dass sie schließlich jederzeit bereit sind, ihre bescheidenen Mittel, ihre Kräfte und ihr Leben für die Verteidigung des Staates und ihrer Heimatstadt zu opfern. Sie möchten glauben, dass ihre Gefühle und Prinzipien hinreichend bekannt sind: Es sind die Gefühle und Prinzipien aller treuen Untertanen, aller guten Bürger und aller anständigen Menschen. [...]

[1] Lastenträger, die nicht Angehörige der Zunft sind.

c) Aus dem Cahier der Priester von Notre Dame des Accoules, redigiert am 27. März 1789. Zur Kirche Notre Dame des Accoules in Marseille gehörten einerseits sieben Kanoniker, die über beachtliche Einkünfte verfügten, andererseits drei Vikare und zehn Priester ohne Pfründe. Die beiden Gruppen redigierten getrennte Beschwerdehefte; der Anfang des zweiten Heftes lautet:

Die Klasse der Vikare und Pfarrgeistlichen ohne Pfründe ist stets nützlich gewesen, hat aber nie über ein angemessenes Einkommen verfügt. Diese Situation, in der sie sich allgemein in ganz Frankreich befindet, ist in Marseille noch empörender und eine besonders schwere Beleidigung für die Würde des Priestertums.

In den Stifts- und Pfarrkirchen dieser Stadt beziehen die Vikare nur ein Gehalt von 400 Livres[1], und die übrigen Priester erhalten entweder eine feste Summe oder werden nach ihren Verrichtungen[2] bezahlt.

Es ist offenkundig, dass diese verschiedenen Honorare angesichts der hiesigen Lebensmittelpreise nicht einmal für die elementarsten Bedürfnisse ausreichen. Die Befriedigung dieser Bedürfnisse und der für einen Geistlichen angemessene Lebensstil fordern somit eine Erhöhung auf einen angemessenen, dem Priesterstand eher entsprechenden Betrag.

Ist es zu glauben, dass diese so gering bezahlte Klasse der Schätzung der décimes[3] unterworfen wurde? Ist diese Steuer, die sich nicht immer nach den persönlichen Einkünften bemisst, nicht ungerecht? Reiche Pfründenhalter sollen diese Abgabe für den König proportional unter sich aufteilen; sie tun damit nur ihre Pflicht gegenüber dem Fürsten, der sie erhält, und gegenüber Frankreich, das sie nährt.

[1] Natürlich das Jahresgehalt.
[2] Gemeint sind vielleicht Gebühren für Taufen, Beerdigungen, Hochzeiten usw.
[3] Die Steuer, die der König vom Klerus erhob.

d) Aus dem Cahier des Dritten Standes von Arcis (Frühjahr 1789). Arcis war ein kleiner Ort im Gerichtsbezirk Troyes in der südlichen Champagne. Das Cahier besteht aus 34 Artikeln bzw. Absätzen; nur die ersten fünf sind nummeriert. Es trägt 22 Unterschriften:

Wir verlangen, dass auf den nächsten Generalständen verhandelt werden soll:
1. Dass sie sich 1792 versammeln werden, und daraufhin alle fünf Jahre oder in irgendeinem anderen bestimmten und festgelegten Zeitabstand, und dass sie durch Seine Majestät zusammengerufen werden;
2. Dass in den Generalständen die Deputierten des Dritten Standes immer denen der beiden ersten Stände gleich an Zahl sein und zur Hälfte aus den Städten und zur Hälfte aus den Flecken und Dörfern genommen werden; dass in Rücksicht der Deputierten des Klerus ein Drittel von den Pfarrern aus Stadt und Land genommen wird;
3. Dass die Stimmen per Kopf und nicht per Stand genommen werden;
4. Dass alle Steuern, die festgelegt oder auferlegt werden, nur bis zum 1. Januar 1793 gelten sollen, und daraufhin bis zu dem 1. Januar, der dem Jahr folgt, in dem die Generalstände abgehalten werden müssen; dass man sie bei Strafe der Veruntreuung nicht über diesen Termin hinaus erheben kann, wenn sie nicht in den Generalständen verlängert worden sind;
5. Dass als ein Axiom der Politik und ein Fundamentalgesetz des Staates anerkannt sei, dass der König, die Nation und die Generalstände eins sind und dass die Minister in ihrem Amt allen dreien, getrennt oder vereint, verantwortlich sind.

a–c) nach: Die Französische Revolution. Ein Lesebuch mit zeitgenössischen Berichten und Dokumenten. Ausgewählt, übersetzt und kommentiert von Chris E. Paschold u. Albert Gier. Stuttgart (Reclam) 2000. S. 53 ff. u. 57 ff.
d) aus: Axel Kuhn: Die Französische Revolution. Stuttgart (Reclam) 1999. S. 213 f. [Übers.: A. Kuhn].

1. Erarbeiten Sie „aufklärerisches Gedankengut" aus M 1, 2 und 6.
2. Beurteilen Sie den Brief Diderots (M 2) als Situationsbericht über die Politik in Frankreich.
3. Diskutieren Sie den letzten Absatz des Briefes von Diderot (M 2, S. 31).
4. Erstellen Sie anhand der Beispiele aus den „Beschwerde-Heften" (M 6) eine Tabelle nach folgendem Beispiel:

Verfasser	*Beschwerden*	*Hintergrund*	*Forderungen*	*Ziele*

   Vergleichen Sie die Bereiche: Wirtschaft, soziale Lage, Politik und Rechtsprechung. Fassen Sie das Ergebnis Ihres Vergleichs in einem Satz zusammen.
5. Ordnen Sie die Reformen in Frankreich (M 4) den Bereichen Politik, Gesellschaft, Wirtschaft, Rechtsprechung zu.
6. Benennen Sie Gewinner und Verlierer der wirtschaftlichen Situation in den 1780er Jahren in Frankreich (M 5).
7. Beurteilen Sie die Reformen in Frankreich angesichts der Probleme des Landes, wie sie aus den bisher erarbeiteten Materialien hervorgehen.
8. Charakterisieren Sie die „Zuspitzung der Auseinandersetzungen in Frankreich". Beziehen Sie in Ihre Überlegungen die Revolutionstheorien S. 5 ein.

3.0 1789 – Französische Revolution: Schwungrad der „Moderne"

Paris, Marsfeld, 14. Juli 1792: Der Freiheitsbaum geht in Flammen auf. Zeichnung: Prieur Stich: Berthault, Kupferstich aus den Tableaux historiques.

Die Freiheitsbäume wurden mit den Zeichen der alten Ordnung behängt, in Brand gesteckt.

Beginn der „modernen" Zeit?

Wenn auch die „Große Französische Revolution" für uns den Beginn der „modernen Zeit" markiert, so hat sie gleichwohl nicht voraussetzungslos Neues ins Werk gesetzt. Sie konnte z. B. den verwalteten Staat, den der Absolutismus hervorgebracht hatte, übernehmen und weiterführen. Die Aufklärung half die revolutionären Ziele zu legitimieren. Die Gleichheit der Staatsbürger war im Begriff der (gleichen) „Untertanen" unter dem absoluten Herrscher vorgeprägt. Auch von der vorangegangenen Amerikanischen Revolution von 1776 gingen so wichtige Impulse aus, dass beide Revolutionen vielfach wie eine Einheit angesehen und sogar als „Doppelrevolution von 1776 und 1789" bezeichnet werden.

Ein entscheidender Einschnitt

Doch trotz all der Verbindungen zum Vorangegangenen – im weithin herrschenden historischen Bewusstsein stellt die Französische Revolution den entscheidenden Einschnitt zwischen alter und neuer Zeit dar. Mit dem Jahr 1789 nahm das französische Volk bzw. die französische Nation, nahmen die Citoyens, d. h. die französischen (Staats-)Bürger, im Vertrauen auf die eigene Vernunft die Aufgabe in Angriff, die letztlich aus dem Mittelalter herrührenden Traditionen und Bindungen zu zertrümmern und alles neu, nach rational einsehbaren Prinzipien zu gestalten. Dadurch wurden in einem solch atemberaubenden Tempo Veränderungen erforderlich, in Gang gesetzt und durchgeführt, dass sie doch einen radikalen Bruch mit der bis dahin gültigen feudalen Wirtschafts-, Herrschafts- und Sozialverfassung zunächst in Frankreich und dann weiter wirkend in Europa bedeuteten und auch unser politisches, gesellschaftliches und kulturelles Leben bis heute beeinflussen. Entwicklungen, die in den

Jahrhunderten zuvor begonnen hatten, setzten sich jetzt endgültig durch und wurden in zunehmendem Maße zur öffentlich anerkannten Grundlage des menschlichen Zusammenlebens: einheitlich nationale Wirtschaftsräume, Volkssouveränität, schriftliche Verfassungen, gewählte Volksvertreter, Gewaltenteilung, Garantie der Bürger- und Menschenrechte und Rechtsgleichheit. Alle Forderungen, Maßnahmen und Ziele der Revolution komprimierten sich in den drei großen Schlagworten: „Liberté! Égalité! Fraternité!"

Vorbild für die Welt

Und mit diesem Projekt verstanden sich die revolutionären Franzosen als Vorbild für die anderen Völker Europas, ja letztlich der Welt. Die französischen Historiker François Furet und Mona Ozouf konnten so 1988 mit Blick auf die 200. Jahresfeier – nicht ohne Stolz – von der Revolution sagen: „Die Geburtsstunde der Demokratie – diese Definition der Französischen Revolution besitzt ein derartiges intellektuelles Gewicht, dass niemand, kein Anhänger und kein Gegner der Revolution, sie ablehnen kann." Die „Herrschaft des Volkes" – so als Begriff aus dem antiken Griechenland übernommen – war nach mehr als 2000 Jahren wieder in die Geschichte eingetreten. Die Völker wollten und sollten sich von Objekten monarchischer Herrschaft zu handelnden Subjekten der Geschichte – ohne Unterschied von Klassen, Rassen, Geschlechtern oder Religionen – wandeln. Der so ausgelöste Emanzipationsprozess hat die Geschichte gleichsam „demokratisiert", sie in die Hände und Verantwortung der Völker selbst gelegt.

Hoffnung und Bedrohung

In diesen Ansprüchen der Französischen Revolution lagen aber Hoffnung und Bedrohung zugleich: Hoffnung für alle, die nach persönlicher Freiheit, nach freier Verfügung über ihr Eigentum, nach gleichen Rechten, nach sozialer Gleichheit, nach brüderlichen Beziehungen zwischen den Völkern strebten; Bedrohung für alle, die um ihre Privilegien, ihren Einfluss, ihre Sicherheit in den alten, vertrauten ständischen Bindungen und Regeln um ihren Glauben fürchteten. Diese Gegensätze trieben die Revolution in einer jetzt zur vollen Entfaltung gelangenden demokratischen Kultur der Öffentlichkeit voran, radikalisierten sie und beendeten sie schließlich im neuen, vom französischen Volk legitimierten Kaisertum Napoleons.

Der Anspruch der Revolution, die Menschenrechte durch Freiheit, Gleichheit und Brüderlichkeit zu verwirklichen und die Versuche der Revolutionäre, diesen Anspruch auch in der politischen und gesellschaftlichen Wirklichkeit umzusetzen, wird der zentrale Gegenstand dieses dritten Kapitels sein.

Die Erklärung der Bürger- und Menschenrechte, Ölgemälde von 1789.

3.1 Der Anspruch der Revolution – Menschenrechte durch Freiheit, Gleichheit, Brüderlichkeit

„Alle Sterblichen sind gleich!", Allegorie auf La Fayettes Entwurf der Menschen- und Bürgerrechte, 1789, zeitgenössische kolorierte Radierung.

Phasen der Revolution

Die besondere Schärfe der Krise im Ancien Régime Frankreichs macht erklärlich, dass es gerade hier zu der politischen Explosion kommen konnte, aus der ein neuer Staat, der moderne National- und Verfassungsstaat, hervorging, sich eine neue Gesellschaft freier und an Rechten gleicher Bürger zu formen begann.

Die Entwicklung der Revolution wird in der Geschichtsschreibung überwiegend in drei große Etappen eingeteilt: die sogenannte „glückliche" Phase der Umwandlung der „absoluten" in eine „konstitutionelle" Monarchie 1789–1792, dann die Gipfelphase der „Republik der Jakobiner" 1792–1794/95 mit der Terrorherrschaft des „Wohlfahrtsausschusses" unter Robespierres und schließlich die Phase der „bürgerlich-kapitalistischen" Republik 1794/95–1799 mit der Eindämmung der Revolution und dem Aufstieg Napoleon Bonapartes zur alleinigen Macht.

Ideologische Begründungen

In den Ideen der Aufklärung fanden die Revolutionäre die Begründungen für diesen fundamentalen Wandel: z. B. in Montesquieus Staatslehre von der Gewaltenteilung (1748), bei Diderot und den Enzyklopädisten mit ihren Lehren vom Recht der Menschen auf freien Gebrauch ihrer Vernunft und einer wissenschaftlich-rational begründeten Verbesserung der Welt (1751–1780) oder in Rousseaus Lehre vom „Gesellschaftsvertrag" gleicher, mündiger Bürger (1762). Auf dieser Basis formten die Revolutionäre eine ideologische Begründung, mit der dieser Wandel legitimiert werden konnte: den aufklärerischen Anspruch auf Freiheit und Gleichheit, den sie für alle Welt in der Erklärung der Menschenrechte manifestierten. Im folgenden Abschnitt geht es neben dem Verlauf der Revolution vor allem um diese grundlegenden Prinzipien der Neuordnung.

MATERIAL 1

Der Revolutionsprozess als Geflecht von drei Bewegungen (1787–1799)

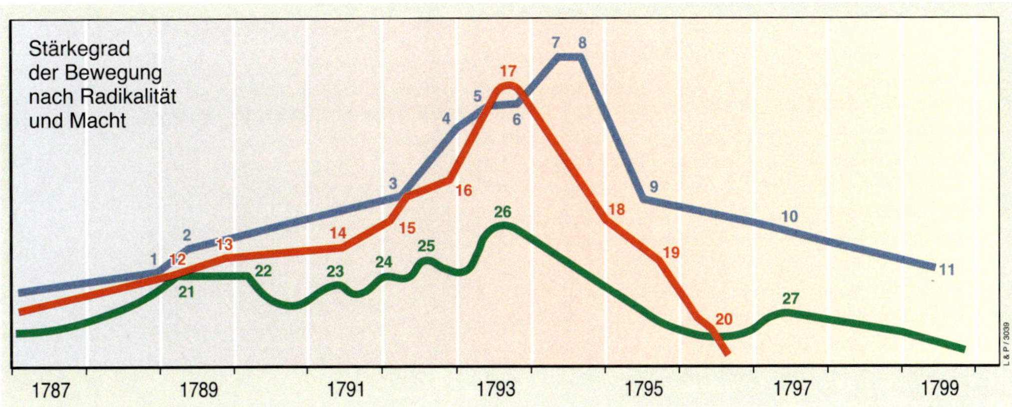

[1] „Stärkegrad" ist hier eine interpretatorische Einschätzung, ein rechenbarer, einheitlicher Maßstab ist nicht möglich.

Die Verfassungsrevolution der aufgeklärten Eliten (Bürger, Klerus, Adelige):

1 17.6.1789: Konstituierung des 3. Standes zur Nationalversammlung
2 4.–11.8.1789: „Abschaffung" der Feudalität
3 10.8.1792: Sturz des Königtums
4 21.1.1793: Hinrichtung Ludwigs XVI.
5 31.5.–2.6.1793: Vertreibung der Girondisten
6 10.10.1793: Ermächtigungsgesetz der Revolutionsregierung
7 10.6.1794: Beginn des Großen Terrors
3 27.7.1794: Sturz der Jakobinerdiktatur, Beginn des „Weißen Terrors"
9 22.8.1795: Direktorialverfassung
10 4.9.1797: Staatsstreich des Direktoriums
11 9./10.11.1799: Staatsstreich Napoleon Bonapartes. Er verkündet „Ende der Revolution".

Die Städtische Volksrevolution (Handwerker, Arbeiter und Tagelöhner):

12 14.7.1789: Bastillesturm
13 5./6.10.1789: Zug der Marktweiber nach Versailles
14 17.7.1791: Massaker auf dem Marsfeld
15 20.6.1792: Demonstration in den Tuilerien
16 2.–6.9.1792: Septembermorde, Lynchjustiz an 12–14 Tsd. Gefängnisinsassen in Paris durch Sansculottentrupps
17 4./5.9.1793: Pariser Sansculottenaufstand
18 20.–23.5.1795: Prairial Aufstand der Pariser Sansculotten
19 10.5.1796: Verhaftung des Kommunisten Babeuf und seiner Freunde
20 1796: Neojakobinismus

Die Bauernrevolution auf dem Lande:

21 Juli 1789: Panik der „Grande Peur" (Große Angst)
22 Dezember 1789–Januar 1790: Aufstandswelle in der Bretagne, Limousin, Périgord, Quercy, Rouergue, Agenais
23 Juni, August 1791: Aufstände in den Départements Somme, Seine-et-Oise, Seine-et-Marne, Yonne, Charente, Creuse, Corrèze und in Südwestfrankreich
24 Winter 1791/92: Aufstände in Mittel- u. Südwestfrankreich
25 Juli–Okt. 1792: breite Aufstandswelle, besonders im Westen
26 März–Okt. 1793: Vendée-Aufstand
27 1797: Niederschlagung der „Chouannerie", einer monarchistisch gesonnenen Partisanenbewegung (erneut 1799 und 1815)

MATERIAL
2 Außenpolitische Ereignisse der Französischen Revolution 1789–1797

1790 12.7.: Verfassungseid der Priester führt zum Konflikt mit dem Papst in Rom.
1791 27.8.: Erklärung Kaiser Leopolds II. von Österreich und König Friedrich Wilhelms II. von Preußen, Ludwig XVI. gegen die Revolution zu unterstützen.
1792 20.4.: Kriegserklärung Frankreichs an Österreich (1. Koalitionskrieg bis 1797)
25.7.: Manifest des Herzogs von Braunschweig mit der Warnung vor weiteren Übergriffen gegen den französischen König.
20.9.: Kanonade von Valmy: unerwartetes Standhalten der französischen Truppen gegenüber der europäischen Kriegskoalition.
6.11.: Sieg des Revolutionsheeres bei Jemappes in Belgien über österr. Truppen.
19.11.: Erklärung des Konvents, allen Völkern zu helfen, die Freiheit zu erlangen.
1793 1.2.: Frankreich erklärt England, den Niederlanden und Spanien (7. März) den Krieg; es folgen militärische Rückschläge für die Revolution.
23.8.: „Levée en Masse", Dekret zur Mobilisierung eines Volksheeres.
27.8.: Eroberung der Hafenstadt Toulon durch die Engländer.
September: allmähliche Oberhand des französischen Heeres.
1794 26.6.: Entscheidender Sieg der Franzosen in Belgien bei Fleurus.
1795 Januar: Eroberung der Generalstaaten der Niederlande.
5.4.: Sonderfriede von Basel mit Preußen. Es folgen weitere Friedensschlüsse.
1796 10.5.: Sieg Napoleon Bonapartes bei Lodi (Italien) über Österreich.
3.9.: Sieg der Österreicher über Franzosen bei Würzburg.
15.–17.11.: Sieg Napoleons über Österreicher bei Arcole (Italien).
1797 17.10.: Friede von Campo Formio zwischen Frankreich und Österreich (Krieg gegen England 1802 beendet).

MATERIAL
3 Papst Pius VI. und die Französische Revolution, Karikatur 1791

Papst Pius VI. beschießt die Französische Revolution mit Seifenblasen.

MATERIAL 4

Innenpolitische Maßnahmen während der Revolution 1789–1795

1789 **August:** Gesetzliche Garantie der Pressefreiheit, de facto seit dem Frühjahr.
4./5.8.: Abschaffung der Feudalordnung und Bauernbefreiung.
26.8.: Erklärung der Menschen- und Bürgerrechte.
10.10.: Erklärung der Kirchen-, Kron- und Emigrantengüter zu „Nationalgütern“; Ausgabe von Papiergeld (Assignaten) auf diese Güter.
Oktober: Bildung politischer Klubs wie z. B. Konstitutionalisten oder Demokraten.

1790 12.7.: Billigung der zivilen Kirchenverfassung: katholische Kirche wird französische Staatskirche.
31.10.: Aufhebung der Binnenzölle.

1791 2.3.: Gesetz über Zunft- und Gewerbefreiheit.
3.9.: 1. (liberale) Verfassung: Frankreich eine konstitutionelle Monarchie.
28.9.: Dekret zur Anerkennung der Juden als Vollbürger.

1792 21.9.: Erklärung Frankreichs zur Republik durch Girondisten und Jakobiner (Bergpartei) im neu gewählten Nationalkonvent.
22.9.: Beginn des Jahres I des neuen „republikanischen Kalenders“.

1793 16.1.: Todesurteil gegen König Ludwigs XVI. durch die Nationalversammlung mit 361 : 360 Stimmen; Hinrichtung durch die Guillotine am 21. Januar.
6.4.: Einrichtung des „Wohlfahrtsausschusses“ (Comité de Salut Public) unter Danton (Jakobiner) als oberstem revolutionärem Regierungsorgan.
Juli: Plebiszit über die 2. (republik.-demokr.) Verfassung, jedoch nicht in Kraft getreten.
1.8.: Grundsatzbeschluss über die Einführung des metrischen Systems.
5.9: Diktatur des Wohlfahrtsausschuss unter Maximilien Robespierre (Jakobiner).
17.9.: Gesetz über die Verdächtigen: Beginn der Politik der „Terreur“.
29.9.: Gesetz über das „allgemeine Maximum“ für Preise und Löhne.
30.10.: Verbot aller Frauenklubs.
19. u. 25.12.: Grundsatzbeschlüsse des Konvents über allgemeine Schulpflicht.

1794 4.2.: Dekret über die Aufhebung der Sklaverei in den französischen Kolonien.
Mai: Abschaffung des Christentums und Einrichtung des „Kultes der Vernunft“.
Mai: Trennung von Staat und Kirche; Anerkennung der kirchlichen „Kultfreiheit“.
27.7.: Sturz Robespierres und der Jakobiner, Herrschaft des „Direktoriums“
5.10.: Niederschlagung des royalistischen Aufstandes, u. a. durch General Napoleon Bonaparte, und Beginn von dessen politischem Aufstieg und seines Mythos als „Retter der Revolution“.
12.11.: Schließung des Jakobinerklubs.

1795 23.9.: Verkündung der 3. (bürgerlich-liberalen) „Direktorialverfassung“.

MATERIAL 5

Freiheit – Gleichheit – Brüderlichkeit: Abstrakte Prinzipien oder gesellschaftliche Wirklichkeit?

Von den drei großen Worten und Proklamationen der französischen Revolution sind uns Freiheit und Gleichheit so gut wie selbstverständliche Werte. Wer wollte nicht frei sein, seine Wünsche und Interessen verfolgen zu können? Wer nicht allen anderen gegenüber gleich behandelt werden? Auch die Brüderlichkeit – ersetzt durch den Begriff der „Solidarität“ – wird täglich eingefordert. Wer wollte schon sozial verantwortungsloser Egoist genannt werden? Aber wir bekommen auch schnell zu hören: Keine zu große Freiheit! Keine Gleichmacherei! Kein Neid auf Bessergestellte! Kein falsches Mitgefühl! Der Streit ist alt – so alt wie die Parolen von Freiheit, Gleichheit und Brüderlichkeit.

a) Freiheit

„Freiheit“ hieß für die feudale, ständische Gesellschaft nicht Freiheit aller Menschen, sondern meinte konkrete „Freiheiten“, die den einzelnen Ständen bzw. Standesgenossen in Form von Privilegien verliehen waren. Es war die Philosophie der Aufklärung, die Freiheit als allgemeines Menschenrecht verstand.

Die französischen Revolutionäre machten diese Auffassung von Freiheit zu einem grundlegenden Prinzip ihrer Bemühungen um eine neue gesellschaftliche Ordnung. Sie waren sich aber auch bewusst, dass die Freiheit der Selbstentfaltung eines jeden immer durch die Verschiedenheit der Menschen und ihrer Durchsetzungsfähigkeiten bedroht ist. Ihre Folgerung daraus bestand darin, das Recht auf individuelle Freiheit durch öffentliche Pflichten gesetzlich zu sichern, d. h. aber konkret die (egoistische) Freiheit des Einzelnen, das liberale Individualrecht, zum Wohle der Freiheit aller, dem Allgemeinwohl, zu beschränken. Dieser Gegensatz bewegt politische Auseinandersetzungen bis heute, z. B. wenn es um die Freiheit der Demonstration geht oder um das Recht eines jeden, Waffen zu tragen oder ohne Beschränkung über sein gesamtes Eigentum zu verfügen.

b) Gleichheit

Die Gleichheit aller Menschen vor Gott – dieser Satz war in der ständischen Gesellschaft des Mittelalters Allgemeingut. Denn ein jeder und eine jede waren von Gott geschaffen und kehrten im Tode zu ihm zurück. Das Leben der Menschen jedoch war von Ungleichheiten geprägt. Diese irdische Ordnung war für die feudale Gesellschaft eine von Gott gewollte.
Die Aufklärung versuchte der anerkannten natürlichen Gleichheit aller vor Gott auch im Leben rational begründet Geltung zu verschaffen – durch das allgemeine Recht auf Gleichheit vor dem Gesetz. Dies sollte die realen gesellschaftlichen Unterschiede zusammenbinden, die auf dem Maßstab von Leistung und Nutzen für die Gesellschaft gründeten. Das führte seinerseits wieder zu neuen Ungleichheiten in Anerkennung, Einfluss und Besitz. Diese Ungleichheit der Verteilung der gesellschaftlichen Güter scheint dem Leistungsprinzip nach gerecht, jedoch aus Sicht der Bedürfnisse jedes Einzelnen ungerecht. Ein Ausweg aus diesem Dilemma wäre eine gerechte Verteilung der Güter. Was aber ist „gerecht“? Die Gleichheit verlangt also im Gegensatz zur Freiheit eine positive inhaltliche Füllung. Da nun die Bedürfnisse eines jeden verschieden und wandlungsfähig sind, steckt im Gleichheitsprinzip eine unablässige dynamische Kraft zur Veränderung und Umwälzung der Güterverteilung und damit der sozialen Verhältnisse.
Daher wurde die praktische Umsetzung des Gleichheitsprinzips zum entscheidenden Brennpunkt der Französischen Revolution. Wie drängend auch heute noch die Frage der Gleichheit geblieben ist, zeigen z. B. die Auseinandersetzungen um die Gleichstellung der Frauen oder um den Sozial- und Wohlfahrtsstaat.

c) Brüderlichkeit

Im Gegensatz zu Freiheit und Gleichheit als Menschenrechten stellt Brüderlichkeit eine Beziehung zwischen Menschen dar. Seinen Ursprung und Gefühlswert hat das Wort in seinem Gebrauch für enge Gemeinschaften, wie z. B. Glaubens- oder Ordensbrüdern. Noch heute klingt der hohe Gefühlswert des Wortes an, wenn sich z. B. Fans gegnerischer Fußballmannschaften „verbrüdern“. Das Wort selber ist heute meist durch den Begriff der Solidarität ersetzt.
Für die Aufklärung hatte dieser Begriff keine Bedeutung. Aber im Laufe der Revolution erfuhr die „Brüderlichkeit“ eine Aufwertung zur bürgerlichen „Tugend“, d. h. zu einer moralischen Verpflichtung des Einzelnen gegenüber der Gemeinschaft. So konnten einerseits in ihrem Geist alle Völker und alle Menschen im Namen von Freiheit und Gleichheit als „Brüder“ betrachtet werden und damit der Anspruch der Revolution auf das ganze Volk, die Völker, ja die gesamte Menschheit ausgedehnt werden. Andererseits sollte ihr Geist dazu dienen, die revolutionären Errungenschaften und die französische Nation gegen innere und äußere Feinde zu einen und zu verteidigen.
In der Zeit der Jakobinerherrschaft 1792/94, vor allem unter dem Terror Robespierres (siehe S. 56 ff.), erfuhr der Begriff der Brüderlichkeit seinen intensivsten politischen Gebrauch. In der Form der „Verbrüderung“ konstituierte die Brüderlichkeit immer wieder aufs Neue die nationale Gemeinschaft gleicher Bürger und Bürgerinnen gegen jeden nur möglichen Gegner der Revolution. Bis heute hängt deshalb der Brüderlichkeit der Vorwurf an, die persönliche Freiheit des Individuums gegenüber einer abstrakten Gleichheit aufs Spiel zu setzen und dem revolutionären Terror Vorschub zu leisten. Andere dagegen sehen gerade in der Brüderlichkeit den Anspruch verbürgt,

allen Menschen gleiche Rechte und gleiche Möglichkeiten für ein gutes Leben zu gewähren. In diesem Sinne stellt sie Freiheit und Gleichheit nicht unversöhnlich gegenüber, sondern wird zum notwendigen Bindeglied dieser großen Prinzipien der Revolution. Entsprechend müssen wir bis heute an die Solidarität der Menschen untereinander appellieren, wenn wir die Anerkennung von liberalen Freiheitsrechten und sozialer Gerechtigkeit für alle fordern.

Autorentext

MATERIAL 6

Was ist eine „Nation"?

Im Januar 1789 veröffentlicht der Geistliche Emmanuel Joseph Sieyès (1748–1836), Graf seit 1809, seine berühmte Schrift: „Was ist der dritte Stand?", die auflagenstärkste und wohl einflussreichste Publikation der französischen Revolution. Zur Frage, was eine Nation ausmache, führt er Folgendes aus:

Der Plan dieser Schrift ist ganz einfach. Wir haben uns drei Fragen vorzulegen.

1. Was ist der dritte Stand? Alles.
2. Was ist er bis jetzt in der staatlichen Ordnung gewesen? Nichts.
3. Was verlangt er? Etwas darin zu werden. [...]

Der dritte Stand ist eine vollständige Nation

Was ist nötig, damit eine Nation bestehen kann und gedeiht?

Arbeiten im Privatinteresse und öffentliche Dienste.

Die dem Privatinteresse dienenden Arbeiten kann man in vier Kategorien einteilen:

1. Da die Erde und das Wasser den Rohstoff für alle Bedürfnisse des Menschen liefern, gehören nach der Ideenordnung zur ersten Kategorie alle Familien, die die Feldarbeit verrichten.
2. Zwischen dem ersten Absatz der Waren und ihrem Verbrauch oder Gebrauch verleiht ihnen eine zusätzliche, mehr oder weniger vielfältige Handarbeit einen mehr oder weniger hohen Gesamtwert. [...] Das sind die Arbeiten der zweiten Kategorie.
3. [Die Zwischenhändler]: Die Großhändler, die fortwährend den Bedarf an verschiedenen Orten und zu verschiedenen Zeiten vergleichen und auf den Gewinn aus Lagerung und Transport spekulieren; die Kaufleute, die als letztes Glied den Verkauf übernehmen, im Großen wie im Kleinen. Auf diese Weise sind die Arbeiten der dritten Kategorie nützlich.
4. [Die vierte Kategorie arbeitsamer und nützlicher Bürger] reicht von den wichtigsten wissenschaftlichen und freien Berufen bis hinab zu den am wenigsten geachteten häuslichen Arbeiten. Das sind die Arbeiten, die die Gesellschaft erhalten. Wer verrichtet sie? Der dritte Stand.

Auch alle öffentlichen Dienste lassen sich in der gegenwärtigen Lage in die vier bekannten Zweige einteilen: Militärdienst, Rechtspflege, Kirche und Staatsverwaltung. Es wäre überflüssig, sie einzeln durchzugehen, um zu zeigen, dass der dritte Stand auf allen diesen Gebieten neunzehn Zwanzigstel leistet, nur dass er mit allen wirklich beschwerlichen Arbeiten belastet wird, die der privilegierte Stand zu übernehmen sich weigert. [...]

Vor allem lässt sich unter den elementaren Bestandteilen einer Nation kein Platz für die Kaste der Adligen finden. Ich weiß, dass es nur zu viele Individuen gibt, die durch Gebrechen, Unfähigkeit, unverbesserliche Faulheit oder ein Übermaß schlechter Sitten von den Arbeiten der Gesellschaft ferngehalten werden. Die Ausnahme und den Missbrauch gibt es überall neben der Regel, zumal in einem großen Reich. Aber man muss zugeben, dass der Staat um so eher als wohlgeordnet gelten kann, je weniger solcher Missbräuche es gibt. Am schlechtesten wäre der Staat geordnet, in dem nicht nur einzelne Privatpersonen, sondern eine ganze Klasse von Bürgern sich eine Ehre daraus machen würden, inmitten der allgemeinen Tätigkeit untätig zu bleiben, und wenn sie den größten Teil der Erzeugnisse verbrauchen dürften, ohne das geringste zu ihrer Erzeugung beigetragen zu haben. Eine solche Klasse gehört wegen ihrer Faulheit wahrlich nicht zur Nation.

Grab, Walter (Hrsg.): Die Französische Revolution. Eine Dokumentation. München (Nymphenburger Verlagshandlung) 1973, S. 24 ff. u. 27.

MATERIAL

7 Die Erklärung der Rechte des Menschen und des Bürgers vom 26. August 1789

Diese Erklärung wurde Bestandteil der ersten Verfassung vom 3. September 1791 und prägte in dieser Form fast alle schriftlichen Verfassungen der Folgezeit in Europa. Vorbilder für eine solche Erklärung gab es in den Cahiers de doléance und den Verfassungen der amerikanischen Bundesstaaten. Der Nationalversammlung lagen rund 20 Entwürfe vor, aus denen dann die endgültige Fassung erarbeitet worden ist.

Da die Vertreter des französischen Volkes, als Nationalversammlung eingesetzt, erwogen haben, dass die Unkenntnis, das Vergessen oder die Verachtung der Menschenrechte die einzigen Ursachen des öffentlichen Unglücks und der Verderbtheit der Regierungen sind, haben sie beschlossen, die natürlichen, unveräußerlichen und heiligen Rechte der Menschen in einer feierlichen Erklärung darzulegen, damit diese Erklärung allen Mitgliedern der Gesellschaft beständig vor Augen ist und sie unablässig an ihre Rechte und Pflichten erinnert; damit die Handlungen der Gesetzgebenden wie der Ausübenden Gewalt in jedem Augenblick mit dem Endzweck jeder politischen Einrichtung verglichen werden können und dadurch mehr geachtet werden; damit die Ansprüche der Bürger, fortan auf einfache und unbestreitbare Grundsätze begründet, sich immer auf die Erhaltung der Verfassung und das Allgemeinwohl richten mögen.

Infolgedessen erkennt und erklärt die Nationalversammlung in Gegenwart und unter dem Schutze des Allerhöchsten folgende Menschen- und Bürgerrechte:

Art. 1. Die Menschen sind und bleiben von Geburt frei und gleich an Rechten. Soziale Unterschiede dürfen nur im gemeinen Nutzen begründet sein.

Art. 2. Das Ziel jeder politischen Vereinigung ist die Erhaltung der natürlichen und unveräußerlichen Menschenrechte. Diese Rechte sind Freiheit, Eigentum, Sicherheit und Widerstand gegen Unterdrückung.

Art. 3. Der Ursprung jeder Souveränität ruht letztlich in der Nation. Keine Körperschaften, kein Individuum können eine Gewalt ausüben, die nicht ausdrücklich von ihr ausgeht.

Art. 4. Die Freiheit besteht darin, alles tun zu können, was einem anderen nicht schadet. So hat die Ausübung der natürlichen Rechte eines jeden Menschen nur die Grenzen, die den anderen Gliedern der Gesellschaft den Genuss der gleichen Rechte sichern. Diese Grenzen können allein durch Gesetz festgelegt werden.

Art. 5. Nur das Gesetz hat das Recht, Handlungen, die der Gesellschaft schädlich sind, zu verbieten. Alles, was nicht durch Gesetz verboten ist, kann nicht verhindert werden, und niemand kann gezwungen werden zu tun, was es nicht befiehlt.

Art. 6. Das Gesetz ist der Ausdruck des allgemeinen Willens. Alle Bürger haben das Recht, persönlich oder durch ihre Vertreter an seiner Formung mitzuwirken. Es soll für alle gleich sein, mag es beschützen, mag es bestrafen. Da alle Bürger in seinen Augen gleich sind, sind sie gleicherweise zu allen Würden, Stellungen und Beamtungen nach ihrer Fähigkeit zugelassen ohne einen anderen Unterschied als den ihrer Tugenden und ihrer Talente.

Art. 7. Jeder Mensch kann nur in den durch das Gesetz bestimmten Fällen und in den Formen, die es vorschreibt, angeklagt, verhaftet und gefangen gehalten werden. Diejenigen, die willkürliche Befehle betreiben, ausfertigen, ausführen oder ausführen lassen, sollen bestraft werden. Doch jeder Bürger, der auf Grund des Gesetzes vorgeladen oder ergriffen wird, muss sofort gehorchen. Er macht sich durch Widerstand strafbar.

Art. 8. Das Gesetz soll nur solche Strafen festsetzen, die offenbar unbedingt notwendig sind. Und niemand kann auf Grund eines Gesetzes bestraft werden, das nicht vor Begehung der Tat erlassen, verkündet und gesetzlich angewandt worden ist.

Art. 9. Da jeder Mensch so lange für unschuldig gehalten wird, bis er für schuldig erklärt worden ist, soll, wenn seine Verhaftung für unumgänglich erachtet wird, jede Härte, die nicht notwendig ist, um sich der Person zu versichern, durch Gesetz streng vermieden sein.

Art. 10. Niemand soll wegen seiner Meinungen, selbst religiöser Art, beunruhigt werden, solange ihre Äußerungen nicht die durch das Gesetz festgelegte öffentliche Ordnung stört.

Art. 11. Die freie Mitteilung der Gedanken und Meinungen ist eines der kostbarsten Menschenrechte. Jeder Bürger kann also frei schreiben, reden, drucken unter Vorbehalt der Verantwortlichkeit für den Missbrauch dieser Freiheit in den durch Gesetz bestimmten Fällen.

Art. 12. Die Sicherung der Menschen und Bürgerrechte erfordert eine Streitmacht. Diese Macht ist also zum Vorteil aller eingesetzt und nicht für den besonderen Nutzen derer, denen sie anvertraut ist.

Art. 13. Für den Unterhalt der Streitmacht und für die Kosten der Verwaltung ist eine allgemeine Abgabe unumgänglich. Sie muss gleichmäßig auf alle Bürger unter Berücksichtigung ihrer Vermögensumstände verteilt werden.

Art. 14. Alle Bürger haben das Recht, selbst oder durch ihre Abgeordneten die Notwendigkeit der öffentlichen Abgabe festzustellen, sie frei zu bewilligen, ihre Verwendung zu überprüfen und ihre Höhe, ihre Veranlagung, ihre Eintreibung und Dauer zu bestimmen.

Art. 15. Die Gesellschaft hat das Recht, von jedem öffentlichen Beamten Rechenschaft über seine Verwaltung zu fordern.

Art. 16. Eine Gesellschaft, in der die Verbürgung der Rechte nicht gesichert und die Gewaltenteilung nicht festgelegt ist, hat keine Verfassung.

Art. 17. Da das Eigentum ein unverletzliches und heiliges Recht ist, kann es niemandem genommen werden, wenn es nicht die gesetzlich festgelegte, öffentliche Notwendigkeit augenscheinlich erfordert und unter der Bedingung einer gerechten und vorherigen Entschädigung.

Grab, Walter (Hrsg.): Die Französische Revolution. Eine Dokumentation. München (Nymphenburger Verlagshandlung) 1973, S. 37.

MATERIAL

Brüderlichkeit schließt ein und vereint 8

Flugblatt, Stich 2. Januar 1790.
12650 Soldaten leisten in der Dauphiné den Eid, Einigkeit beim Schutz des Staates und der Verteidigung der Beschlüsse der Nationalversammlung zu wahren, 29. November 1789.
Die Aufschrift lautet: Serment Fédératif, Prononcé le 29 Novembre en Dauphiné par 12650 Soldats Citoyens, Vive le Peuple francais, Il Chante et Combat, Cour á Cour. Nous Soldat [sic!] citoyens de l'une et l'autre rive du Rhone, réunis fraternellement pour le bien de chose publique, jurons à la face du Ciel, sur nos coeurs et sur nos armes consacrées a la defense de l'Etat, de rester a jamais unis pour le Soutien des Loia [sic!] émanées de l'asemblé [sic!] Nationale.

MATERIAL
9 Brüderlichkeit schließt den Verdächtigen aus

Im Sitzungszimmer eines Revolutionskomitees zur Zeit der Schreckensherrschaft in den Jahren 1793/94 (Zeichnung: Fragonard; Stich Berthault).

Das Bild stellt eine typische, keine wirklich geschehene Szene dar. Eine junge, offensichtlich wohlhabendere Familie reicht ein Bittgesuch ein oder legt ein Dokument als Beweis gegen eine Anschuldigung vor.

1. Beschreiben Sie anhand M 1 Eigenständigkeit wie Zusammenhang der drei revolutionären Bewegungen. Erläutern Sie die Beziehung zwischen innen- und außenpolitischen Ereignissen in ihrer Wirkung auf den Revolutionsverlauf. (M 2)
2. Erarbeiten Sie aus der Zeittafel M 4 die innenpolitischen Maßnahmen und deren Hauptnutznießer. Ziehen Sie dazu Ihre Ergebnisse aus der Arbeit über die Stände (S. 15 ff.) und die „Cahiers de doléance" (S. 33 ff.) mit heran. Stellen Sie einen Zusammenhang zwischen M 1 und M 4 her.
3. Erörtern Sie auf der Grundlage von M 5 die Probleme, die sich daraus ergeben, dass Freiheit, Gleichheit und Brüderlichkeit einerseits abstrakte Prinzipien sind, andererseits aber Anspruch auf reale Umsetzung erheben.
4. Erschließen Sie aus der Ikonografie der Bilder (S. 31 u. 45–46), welche Bedeutung auf diese Weise den Menschen- und Bürgerrechten zugemessen wurde. Stellen Sie eine Beziehung zu der Naturrechtsargumentation der Aufklärung her.
5. Informieren Sie sich über die Person Lafayettes und seine Bedeutung für die amerikanische und französische Revolution.
6. Zeigen Sie auf, in welcher Weise sich die in Aufgabe 3 erörterte Problematik in der „Erklärung der Rechte des Menschen und Bürgers" (M 7) niederschlägt.
7. Diskutieren Sie ausgehend von der Nationsdefinition bei Abbé Sieyès (M 6) die Funktion der „Brüderlichkeit" (M 5 c) für das Verständnis und die Realisierung von „Nation". Gehen Sie dabei auch auf die Bilder M 8 und 9 ein.
8. Stellen Sie sich verschiedene Gruppen der Bevölkerung vor und formulieren Sie deren jeweilige Erwartungen an Freiheit, Gleichheit, Brüderlichkeit und Menschenrechte. Debattieren Sie aus der Sicht der verschiedenen Gruppen.
9. Erörtern Sie, inwieweit Ihre Antworten auf die Fragen in den Überschriften der Abschnitte 2.1 und 2.2 (s. Aufgabe, S. 28) nach diesem Abschnitt noch Gültigkeit besitzen.

3.2 Die Französische Revolution – die liberale Umsetzung: Freiheit und Rechtsgleichheit

Der Ballhausschwur zu Versailles, 20. Juni 1789. Zeichnung: Prieur, Stich: Berthault; aus den „Tableaux historiques" von 1802. Die zusammengetretene Nationalversammlung schwor, vor Verabschiedung einer Verfassung nicht auseinanderzugehen.

Die drei Revolutionen von 1789

Mit den „drei Revolutionen" waren 1789 drei revolutionäre Bewegungen in Gang gekommen (siehe S. 39), die als antreibende Kräfte zwar unabhängig voneinander agierten, jedoch gleichzeitig untereinander Reaktionen auslösten. Sie steigerten, verbündeten, spalteten und radikalisierten sich in ihren Forderungen nach Freiheit und Gleichheit wechselseitig. Zusätzlich trieb die Furcht der Revolutionäre vor einem Eingreifen der alten europäischen Monarchien zugunsten des französischen Königtums die Gewaltsamkeit der Revolution voran.

Diesen Wechselprozess gilt es im Bewusstsein zu halten, wenn nach der Umsetzung der revolutionären Neuordnungsprinzipien, ihren Erfolgen und Verhinderungen gefragt wird. Es gilt dabei auch das Spannungsverhältnis zwischen abstrakten Prinzipien und der Behauptung ihrer realen Geltung zu beachten, d. h.: „Der Mensch ist frei und gleich!" nicht: „Der Mensch soll frei und gleich sein!" Unter diesen Aspekten steht im Folgenden die Französische Revolution als „Verfassungsrevolution" im Zentrum der Behandlung, wobei ein zusätzlicher Schwerpunkt auf die Problematik der Geschlechterbeziehungen gesetzt wird.

MATERIAL

1 Die Verfassung vom 3. September 1791

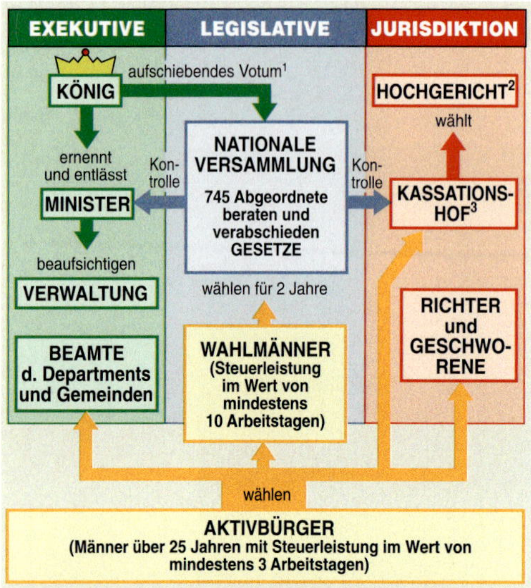

¹ Das aufschiebende Veto des Königs konnte durch eine zweimalige Bestätigung des Gesetzes in der Nationalversammlung in zwei aufeinanderfolgenden Legislaturperioden aufgehoben werden.
² für Anklage gegen Minister, hohe Beamte und Staatsverbrecher
³ Berufungsgericht

L & P / 2084

Gewaltenteilung und Zensuswahlrecht in der Verfassung von 1791.

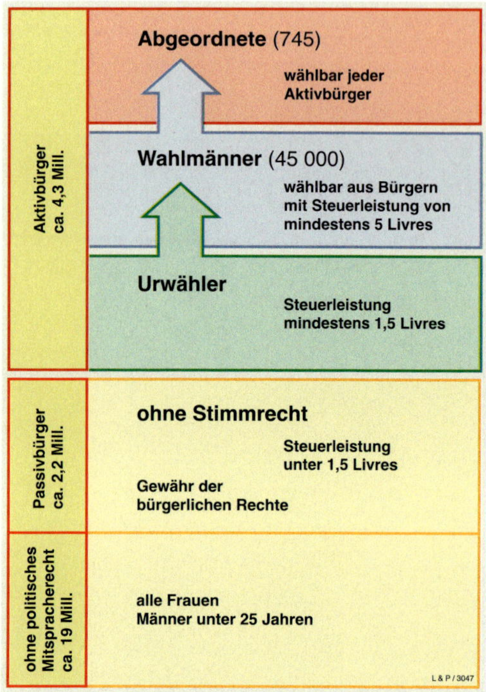

MATERIAL

2 Die Verfassungen vom 24. 6. 1793 (nicht endgültig in Kraft getreten) und 22. 8. 1795

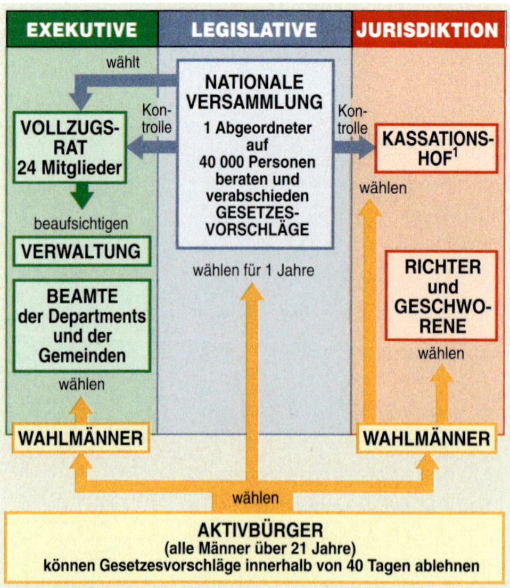

¹ Berufungsgericht

L & P / 2085

Links 1793, rechts 1795.

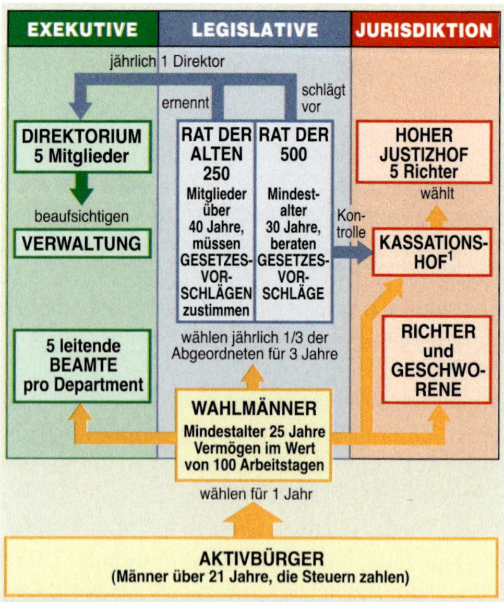

¹ Berufungsgericht

L & P / 3048

MATERIAL 3

Dekret über die Gleichberechtigung der Juden vom 28. September 1791

In der Erwägung, dass die notwendigen Voraussetzungen dafür, ein französischer Bürger zu sein, durch die Verfassung festgelegt sind und dass jeder, der diese Voraussetzungen erfüllt und sich durch die Leistung des Bürgereides zur Erfüllung aller von der Verfassung ihm auferlegten Pflichten bereit erklärt, ein Recht auf sämtliche Vorteile hat, die sie zusichert,
widerruft die Nationalversammlung alle in ihre früheren Dekrete aufgenommenen Benachteiligungen, Vorbehalte und Ausnahmebestimmungen bezüglich der jüdischen Personen, die den Bürgereid leisten; dieser gilt als Verzicht auf alle in der Vergangenheit zu ihren Gunsten beschlossenen Privilegien und Befreiungen[1].

[1] Die Repräsentanten der Juden Frankreichs mussten unmittelbar vor der Verabschiedung des Dekrets versichern, dass „Juden keine Nation mehr sind".

Walter Grab (Hrsg.): Die Französische Revolution. Eine Dokumentation. München (Nymphenburger Verlagshandlung) 1973, S. 93 f.

MATERIAL 4

Freiheit für die Kolonien?

„Die Freiheit der Kolonien". Anonymer kolorierter französischer Kupferstich.

Auf der Trikolore steht: „les Droits de l'Homme" (die Rechte des Menschen).

MATERIAL 5

Dekret des Nationalkonvents über die Abschaffung der Sklaverei in den Kolonien vom 4. Februar 1794 (16. Pluviose II)

Der Nationalkonvent erklärt die Sklaverei der Neger in allen Kolonien für abgeschafft. Demzufolge dekretiert er, dass alle Menschen ohne Unterschied der Hautfarbe, die in den Kolonien ihren Wohnsitz haben, französische Bürger sind und sämtliche durch die Verfassung garantierten Rechte genießen.
Der Nationalkonvent beauftragt den Wohlfahrtsausschuss, ihm unverzüglich einen Bericht über die notwendigen Maßnahmen vorzulegen, um die Durchführung des vorliegenden Dekretes sicherzustellen[1].

[1] Die Sklavenbefreiung traf auf den erbitterten Widerstand der weißen Siedler in den Kolonien und konnte letztlich nicht durchgesetzt werden. 1802 wurde die Sklaverei unter Napoleon, zu dieser Zeit „Erster Konsul" der Republik, offiziell wiederhergestellt.

Walter Grab (Hrsg.), Die Französische Revolution, eine Dokumentation, München (Nymphenburger Verlagshandlung) 1973, S. 222.

MATERIAL

6 Aufruf an die französischen Frauen und Bürgerinnen (1791)

Die französische Schriftstellerin Olympe de Gouges (1748–1793), eigentlich Olympe Marie Aubry, hatte um 1780 begonnen, belletristische Literatur zu veröffentlichen. In der Revolution engagierte sie sich mit politischen Kampfschriften für die Rechte der Frauen. Der wohl wichtigste Erfolg der Frauen war die Einführung der Ehescheidung durch Gesetz vom 20. September 1790. Nach Erschwerung unter Napoleon wurde das Gesetz in der Restaurationszeit ganz abgeschafft. Erst 1884 wurde die Ehescheidung wieder möglich. 1793 wurde Olympe de Gouges wegen ihrer girondistischen Gesinnung verurteilt und hingerichtet. Im September 1791 hatte sie ihre wohl bedeutendste Schrift, die „Erklärung der Rechte der Frau und Bürgerin", an die Nationalversammlung gerichtet. Sie schließt diese mit einem „Nachwort", das folgendermaßen beginnt:

Frauen, wacht auf! Die Stimme der Vernunft lässt sich auf der ganzen Welt vernehmen! Erkennt eure Rechte! Das gewaltige Reich der Natur ist nicht mehr umstellt von Vorurteilen, Fanatismus, Aberglauben und Lügen. Die Fackel der Wahrheit hat alle Wolken der Dummheit und Gewalttätigkeit vertrieben. Der versklavte Mann hat seine Kräfte verdoppelt. Er hat eurer Kräfte bedurft, um seine Ketten zu zerbrechen. In Freiheit versetzt, ist er nun selbst ungerecht geworden gegen seine Gefährtin. O Frauen! Frauen, wann hört ihr auf, blind zu sein? Welches sind die Vorteile, die ihr aus der Revolution gezogen habt? Ihr werdet noch mehr verachtet, noch schärfer verhöhnt. [...] Habt ihr Angst, dass unsere französischen Gesetzgeber [...] euch ebenfalls sagen könnten: „Frauen, was gibt es Gemeinsames zwischen euch und uns?" „Alles!" würdet ihr darauf antworten. Wenn sie beharrlich fortfahren, durch diese Unvernunft, aus einem Gefühl der Schwäche heraus, mit ihren eigenen Prinzipien in Widerstreit zu geraten, dann stellt tapfer die Macht der Vernunft den eitlen Überlegenheitsansprüchen entgegen. Vereinigt euch unter dem Banner der Philosophie, entfaltet alle eure charakterlichen Kräfte, und ihr werdet bald diese stolzen, nicht untertänigen Verehrer zu euren Füßen haben, jetzt jedoch stolz darüber, mit euch die Schätze des Allmächtigen[1] zu teilen. Was auch immer die Hürden sein werden, die man euch entgegenstellt, es liegt in eurer Macht, sie zu überwinden. Ihr müsst es nur wollen.

[1] Anspielung auf die von Gott gegebenen natürlichen Rechte von Freiheit und Gleichheit

Aus Politik und Zeitgeschichte (Beilage 48) 1977, S. 52 (Übers. v. Theresia Sauter).

MATERIAL

7 Schmuckteller mit der Darstellung einer Jakobinerin (1795)

Catherine Tetar, bonne citoyenne, l'an 4, Catherine Tetar, die gute Bürgerin, Jahr 4, Deutsches Historisches Museum.

MATERIAL

Revolution und Wandel der Geschlechterbeziehungen 8

Bevor der Mai Juni-Aufstand 1793 losbrach, rief ein Abgeordneter im Konvent aus: „Die Frauen werden die Bewegung beginnen, [...] die Männer werden den Frauen zu Hilfe kommen." In Wirklichkeit wurde der Aufstand nicht von den Frauen in Gang gesetzt, aber diese Bemerkung, die keinesfalls die einzige ihrer Art war, zeigt deutlich, wozu man Frauen in diesen bewegten Zeiten für fähig hielt. [...] Inmitten der Kämpfe agierten die Frauen auch weiterhin in der Rolle der „Brandstifterin": „Es sind im Wesentlichen die Frauen, gegen die man vorzugehen hat; denn sie übertragen ihre wilde Raserei durch aufwieglerische Äußerungen auf den Geist der Männer; sie versetzen diese in Erregung und bringen deren ungestüme Gewalttätigkeit in Wallung", verzeichnet ein Polizist während des Maiaufstandes 1795. [...] Das oben genannte Schema spiegelte eine alte Ordnung wider, die noch nicht ganz abgedankt hatte. Vom 16. bis zum 18. Jahrhundert trifft man zwischen Amsterdam und Neapel auf Frauen, die die Männer zur Revolte aufriefen. Die aufwieglerische Rhetorik der französischen Revolutionärinnen war in einer langen Tradition verankert: der Trommelwirbel, die karnevalistischen Rituale, die die Obrigkeit dem allgemeinen Spott preisgaben, die Berufung auf Mütterlichkeit als Legitimation des weiblichen Handelns – all das war nichts Neues. Doch selbst wenn die Rebellinnen der Französischen Revolution dieselben alten Lumpen wie ihre Vorfahrinnen trugen, so waren sie dennoch nicht ganz und gar dieselben Frauen. Sie trugen stolz die Erklärung der Menschenrechte den aufständischen Massen voran und bekräftigten, dass das souveräne Volk in dem von den Aufständischen besetzten Konvent zu Hause sei.

[...] Man hatte es bereits 1789 erkannt: Eine Revolution ist mehr als eine bloße Rebellion; sie erfordert eine Organisationsstruktur. Von eben dieser aber blieben Frauen überall ausgeschlossen. Sie gehörten nirgendwo zur Bürgerwehr: weder zur französischen Nationalgarde noch zum batavischen vrijcorps[1] oder zur amerikanischen Miliz; sie waren auch nicht Mitglieder der beratenden Versammlungen, Ortskomitees und politischen Gruppierungen. Die Beziehungen zwischen den Geschlechtern veränderten sich also im Verlauf des Aufstandes. Während der mehr oder weniger spontanen Aufstände wirkten die Frauen als Antriebskraft; sobald aber revolutionäre Vereinigungen die Führung des Geschehens übernahmen, wurden Frauen an den Rand gedrängt.

[1] Freiwilligenverbände in der „Batavischen Republik" (=Niederlande) gegen die französische Besatzung während der Freiheitskriege gegen Napoleon

Dominique Godineau: Töchter der Freiheit und revolutionäre Bürgerinnen. In: Fraisse, Geneviève/Perrot, Michelle (Hrsg.): Geschichte der Frauen, hrsg. von Georges Duby u. Michelle Perrot, (Bd. 4) 19. Jahrhundert. Editorische Betreuung der deutschen Ausgabe Karin Hausen. Frankfurt/M. – Wien (Büchergilde Gutenberg) 1994, S. 27 f. (Übers. v. Harald Riemann).

1. Ordnen Sie anhand der Zeittafel (S. 41) die Maßnahmen zur Durchsetzung von Freiheit und Rechtsgleichheit in der Revolution nach folgenden Gesichtspunkten: die jeweils treibenden Kräfte und ihr mögliches Zusammenspiel.
2. Untersuchen Sie in Gruppen die Materialien 1–8 daraufhin, inwieweit der Anspruch der Französischen Revolution (Abschnitt 3.1) umgesetzt werden konnte.
3. Stellen Sie Vermutungen über die Ursachen bzw. Gründe an, die für das jeweilige Ausmaß der Umsetzungen verantwortlich sein können. Beachten Sie dabei Ihre Erkenntnisse aus Abschnitt 3.1.
4. Vergleichen Sie die Darstellung der Sklavenbefreiung (M 4) mit der Darstellung in der Allegorie zu Lafayettes Menschenrechtsentwurf (S. 38).
5. Entwickeln Sie Strategien zur Umsetzung der revolutionären Ideale.

3.3 Die Französische Revolution – die radikale Umsetzung: Freiheit und soziale Gleichheit

Kartenspiel, 1790er Jahre.

Gleichheit der Pflichten – Sicherheit | *Gleichheit der Farbe – Mut* | *Gleichheit der Stände – Macht* | *Gleichheit der Rechte – Gerechtigkeit*

Gleichheit als soziales Problem

Schon die französischen Aufklärer, wie Montesquieu und Rousseau, hatten in der Forderung nach Gleichheit nicht nur ein rechtliches, sondern auch ein soziales Problem gesehen (siehe S. 22 ff.). Zwar war für sie der Schutz des privaten Eigentums eine der zentralen Aufgaben gesellschaftlicher Vereinigung bzw. des Staates überhaupt, allzu ungleiche Besitzverhältnisse jedoch bedeuteten ihrer Ansicht nach eine grundsätzliche Gefahr für die Demokratie.

Es verwundert daher nicht, dass sich an der Frage, wie „Gleichheit" zu verwirklichen sei, die Geister der Revolution schieden. Sollte Gleichheit nur als Rechtsgleichheit oder weiter gefasst auch als soziale Gleichheit verstanden werden? Letzteres aber warf sofort die Frage auf, was unter sozialer Gleichheit zu verstehen und wie sie zu verwirklichen sei (s. M 4 b). Denn jede soziale Politik, die die Lage der Ärmeren und Schwächeren einer Gesellschaft verbessern will, sie von der Unsicherheit ihres Lebens frei machen will, ihnen durch gleiche Bildung gleiche Lebenschancen eröffnen will, ist gezwungen, in die freie Verfügung der Einkommen durch Steuern, Preisfestsetzungen oder Besitzumverteilungen einzugreifen, um tendenziell alle möglichst gleichzustellen. Entsprechend erstreckte sich die Bandbreite der Diskussion dabei von einer mehr oder weniger starken Einschränkung des Privatbesitzes, um dessen Ausmaß die entscheidenden revolutionären Führer stritten, bis hin zur möglichst gleichen Besitzverteilung, wie sie die städtischen Sansculotten erreichen wollten.

Radikalisierung der Revolution

Diese Auseinandersetzung in Verbindung mit den äußeren Bedrohungen durch die europäischen antirevolutionären Kriegskoalitionen beeinflusste entscheidend die Radikalisierung der Revolution in ihrer zweiten Etappe von 1792 bis 1795 bis hin zur „Terreur", der „Schreckensherrschaft" bzw. dem Terror als politischem Mittel. Die Jakobiner unter der Führung Robespierres und seines engsten Vertrauten, Saint Just, waren es, die die Frage zu lösen versuchten, nicht zuletzt weil sie zur Sicherung ihrer politischen Macht und Durchsetzungsfähigkeit auf die Volksbewegung der Sansculotten angewiesen waren. Nach dem Scheitern der Jakobiner verschwand die Frage der sozialen Gleichheit nicht aus den politischen Auseinandersetzungen, sondern wurde durch die kommunistischen Ideen der „Gleichen" u. a. von Gracchus Babeuf und Filippo Michele Buonarroti noch schärfer gestellt.

MATERIAL 1

Durch Steuern zu sozialer Gerechtigkeit?

Am 24. April 1793 hielt Maximilien de Robespierres (1758–1794) im Nationalkonvent eine grundsätzliche Rede über das Eigentum und die Steuerfrage:

Als ihr die Freiheit definiert habt[1], das erste Gut und das heiligste Recht des Menschen, das er von der Natur empfangen hat, da habt ihr ganz richtig gesagt, dass die Freiheit ihre Grenzen in den Rechten des Nächsten hat; warum habt ihr diesen Grundsatz nicht auch auf das Eigentum angewandt, das doch ebenfalls eine soziale Einrichtung ist? Als ob die ewigen Gesetze der Natur weniger unverletzbar wären als die Konventionen der Menschen. Ihr habt eine Vielzahl von Artikeln verfasst, um eine möglichst große Freiheit in der Ausübung des Eigentumsrechtes zu gewährleisten, und ihr habt nicht ein einziges Wort gesagt, um den legitimen Charakter des Eigentums zu bestimmen, so dass eure Erklärung nicht für die Menschen im Allgemeinen, sondern für die Reichen, die Spekulanten, die Wucherer und die Tyrannen gegeben zu sein scheint. Ich schlage vor, diese Mängel zu beseitigen und die folgenden Wahrheiten einzusetzen:

Artikel 1. Das Eigentum ist das Recht eines jeden Bürgers, über den Teil der Güter frei zu verfügen, der ihm durch das Gesetz garantiert wird.

Artikel 2. Das Eigentumsrecht ist wie jedes andere Recht durch die Verpflichtung eingeschränkt, die Rechte des Nächsten zu respektieren.

Artikel 3. Das Eigentum darf weder die Sicherheit, die Freiheit, die Existenz noch das Eigentum unserer Mitmenschen beeinträchtigen.

Artikel 4. Jeder Besitz und jeder Handel, der diesen Grundsatz verletzt, ist unlauter und unmoralisch.

Ihr sprecht des Weiteren von der Steuer und stellt das unumstößliche Prinzip auf, dass sie nur vom Willen des Volkes oder von seinen Repräsentanten erlassen werden kann; aber ihr vergesst eine Verordnung, die das Interesse der Menschheit fordert: ihr vergesst, die Steuer auf progressiver Basis festzusetzen. Denn gibt es in Bezug auf die öffentlichen Beiträge einen Grundsatz, der besser in der Natur der Sache und der ewigen Gerechtigkeit begründet läge als der, den Bürgern die Verpflichtung aufzuerlegen, zu den Ausgaben des Staates progressiv[2], entsprechend der Größe ihres Vermögens beizutragen, d. h. gemäß der Vorteile, die ihnen die Gesellschaft gewährt?

Ich schlage vor, diesen Grundsatz mit folgenden Worten in einem Artikel niederzulegen:

„Die Bürger, deren Einkommen die für ihren Lebensunterhalt notwendige Summe nicht übersteigt, sollen von der Verpflichtung entbunden werden, zu den öffentlichen Ausgaben beizutragen; die anderen sollen progressiv je nach der Größe ihres Vermögens die Lasten tragen."

[1] in der Erklärung der Rechte des Menschen und des Bürgers
[2] prozentual wachsender Teil

Walter Grab (Hrsg.): Die Französische Revolution. Eine Dokumentation. München (Nymphenburger Verlagshandlung) 1973, S. 142 f.

MATERIAL 2

Die Gleichheitsforderungen der Sansculotten

Auszug aus der Eingabe der Pariser Sektion der „Sans-Culottes" vom 2. September 1793:

Abgeordnete des Volkes!

[...] Die ganze Welt sieht auf Euch, die Menschheit wirft Euch die Leiden vor, die die französische Republik heimsuchen; und die Menschen kommender Jahrhunderte werden Eure Namen für immer brandmarken, wenn Ihr nicht sofort Abhilfe schafft. [...] Eilt Euch, den Preis der

Die Sansculotten und das kleine bzw. große Maximum
Die Sansculotten (d. h., die keine Kniebundhosen wie die Adeligen tragen) rekrutierten sich vor allem aus den Pariser Handwerkern, Kleinhändlern und Arbeitern sowie Tagelöhnern und Kleinbauern auf dem Lande. Die Sektionen der Sansculotten nahmen im Gegensatz zu den bürgerlichen politischen Klubs auch Frauen auf. Im Juni 1793 hatte die Sektion „Droits de l'Homme" in einer „Erklärung der Rechte des Menschen im sozialen Staat" vorgeschlagen, Reichtümer aus Diebstahl, Spekulation, Monopolen oder Hortung von Waren in Nationaleigentum umzuwandeln. Zu ihren Kernforderungen gehörte auch das sog. „Maximum", die Festsetzung von Höchstpreisen; denn schon seit 1791 wirkte das neue Freihandelssystem nicht mehr gegen steigende Preise, den Verfall der Assignaten und die Verknappung des Geldes. Eingriffe in die „Freiheit des Eigentums" wurden aber von den Jakobinern wie auch Robespierre anfangs aus wirtschaftsliberaler Gesinnung abgelehnt, dann aber aus politischen Gründen aufgegriffen, um nicht die Unterstützung der Sansculotten zu verlieren.
Das Gesetz vom 4. Mai 1793 über das „kleine Maximum" für Getreide und Mehl lehnten die Sansculotten als nicht weitgehend genug ab. Am 29. September 1793 beschloss der Konvent dann das Gesetz über das „große Maximum" für zahlreiche Konsumgüter wie Öl. Kerzen, Holz, Brot usw., verband es jedoch zur Enttäuschung der Sansculotten auch mit einem Maximallohn (150 % des Durchschnittslohns von 1790). Nach dem Sturz Robespierres wurde das Gesetz gestrichen.

Hauptnahrungsmittel unverrückbar festzusetzen, ebenso den der Rohstoffe, den Arbeitslohn, die Industrieprofite und die Handelsgewinne; Ihr habt dazu das Recht und die Macht. [...] Aber wie! werden Euch die Aristokraten, die Royalisten, die Gemäßigten, die Intriganten sagen, heißt das nicht Hand an das Eigentum legen, das heilig sein soll und unverletzlich? [...] Zweifellos; aber wissen sie nicht, diese Schurken, wissen sie nicht, dass Eigentum nur so weit gut ist, als es den Bedarf des Einzelnen befriedigt? Wissen sie nicht, dass keiner das Recht hat, etwas zu tun, was dem anderen schaden kann? Was gibt es Schändlicheres, als willkürlich einen Preis für die Lebensmittel zu verlangen, den sieben Achtel der Bürger nicht aufbringen können? Wissen sie endlich nicht, dass jedes der Individuen, die zusammen die Republik bilden, seinen Geist und seine Arme zu ihrem Nutzen gebrauchen und sein Blut bis zum letzten Tropfen für sie vergießen soll? Daher muss die Republik jedem von ihnen die Mittel sichern, sich mit den notwendigsten Bedarfsgütern in der Menge zu versorgen, die ausreicht, sein Leben zu erhalten. [...]

Daher beschließt die Vollversammlung der Sektion „Sans-Culottes", die der Meinung ist, es sei Pflicht aller Bürger, die Maßnahmen vorzuschlagen, die ihnen geeignet erscheinen, um wieder zu Überfluss und Ruhe im Staat zu kommen, den Konvent zu bitten, dass er dekretieren möge:

1. Die ehemaligen Adligen sollen keinerlei militärische Funktionen ausüben noch irgendein öffentliches Amt bekleiden dürfen, welcher Art es auch sei; die ehemaligen Priester, Parlamentsräte und Finanzleute sollen aus allen Verwaltungs- und richterlichen Funktionen entfernt werden.
2. Alle Hauptnahrungsmittel sind unveränderlich auf den Preis der so genannten „früheren Jahre" 1789 bis 1790 festzusetzen, jedoch in Ansehung ihrer unterschiedlichen Qualität.
3. Ebenso sollen die Rohstoffpreise festgesetzt werden, und zwar so, dass die Industrieprofite, die Arbeitslöhne und die Handelsgewinne, die durch Gesetz in Grenzen gehalten werden, den Industriearbeiter, den Bauern, den Kaufmann in die Lage versetzen, sich nicht nur die Dinge zu verschaffen, die er zum Leben braucht, sondern auch all das, was es ihm angenehm machen kann.

4. Alle Bauern, die durch irgendeinen Zwischenfall keine Ernte hatten, werden aus dem Staatsschatz entschädigt.
5. Jedem Departement wird eine genügende Summe bewilligt, damit der Preis der Hauptlebensmittel für alle Einwohner der Republik gleich ist.
6. Die den Departements bewilligten Summen sind dazu zu verwenden, die Ungleichheiten zu beseitigen, die in den Preisen der Hauptlebensmittel und anderer Dinge entstehen könnten durch Transporte innerhalb der französischen Republik, die jedem ihrer Kinder die gleichen Vorteile einräumen muss.
7. Die Pachtverträge werden aufgehoben und zu dem Preis wieder geschlossen, den sie in den Durchschnittsjahren hatten, die Ihr auswählen werdet, um ein für allemal das Maximum der notwendigsten Lebensmittel und anderer Dinge festzusetzen.
8. Es soll ein Maximum für Vermögen festgesetzt werden.
9. Ein Einzelner soll nur ein Maximum besitzen dürfen.
10. Keiner soll mehr Ländereien pachten dürfen, als für eine festgesetzte Anzahl von Pflügen gebraucht wird.
11. Ein Bürger soll nicht mehr als eine Werkstatt oder einen Laden besitzen dürfen.
12. Alle, die Waren oder Ländereien unter ihrem Namen innehaben, sollen als deren Eigentümer gelten.
Die Sektion „Sans-Culottes" denkt, dass diese Maßnahmen Überfluss und Ruhe wieder herbeiführen, nach und nach die zu große Ungleichheit der Vermögen beseitigen und die Zahl der Besitzenden ansteigen lassen werden.

Walter Grab (Hrsg.): Die Französische Revolution. Eine Dokumentation. München (Nymphenburger Verlagshandlung) 1973, S. 174–176.

MATERIAL 3

Soziale Demokratie für Europa durch Sansculotten und Jakobiner?

Der sozialistische französische Historiker Albert Soboul (1914–1982) skizziert in seinem wichtigen Werk zur Französischen Revolution (1962) die sozialpolitischen Ziele der Jakobiner und der sie unterstützenden Sansculotten vor allem anhand der „Fragmente über die republikanischen Institutionen" Louis Antoine de Saint-Justs (1767–1794). Saint-Just war ein entschiedener Anhänger Robespierres im Wohlfahrtsausschuss und Nationalkonvent. Das Programm der Jakobiner bezeichnet Soboul als das „Ideal einer sozialen Demokratie":

Das Ziel dieser sozialen Gesetzgebung ist es, „allen Franzosen die Mittel zur Erlangung der lebensnotwendigen Dinge zu geben, ohne von etwas anderem als den Gesetzen abhängig zu sein und ohne gegenseitige Abhängigkeit aufgrund des Personenstandes." Und weiter heißt es: „Der Mensch muss unabhängig leben." Da war im republikanischen Denken der Begriff des sozialen Rechts wiederhergestellt: die nationale Gemeinschaft hat das Recht, die Eigentumsorganisation zu kontrollieren; zur Erhaltung einer relativ gleichen Verteilung durch die Wiederherstellung kleinen Eigentums greift sie in dem Maße ein, wie die wirtschaftliche Entwicklung zu ihrer Zerstörung tendiert. Damit soll sowohl die Wiederaufrichtung des Vermögensmonopols als auch die Entstehung eines abhängigen Proletariats verhindert werden.
Die Gesetzgebung der Montagnards[1] fußte auf diesen Prinzipien. [*z. B. absolute Gleichstellung aller direkten Erben, auch der unehelichen Kinder im Erbrecht; Aufteilung der Emigranten- und Nationalgüter, aber keine grundsätzliche Agrarreform wie etwa des Pachtsystems zugunsten der ländlichen Sansculotten – die Verf.*]
Die soziale Gesetzgebung im eigentlichen Sinne fügt sich in die Reihe von Versuchen der Verfassung gebenden Versammlung ein und geht zugleich darüber hinaus. Die Verordnungen vom 19. März und 28. Juni 1793 setzten Beihilfen für Bedürftige, Kinder und alte Menschen fest. Die Erklärung der Rechte vom 24. Juni 1793 anerkannte in Artikel 21, dass „die öffentliche Hilfe eine heilige Pflicht ist". Das Recht auf Unterstützung wurde durch das Gesetz vom 22. Floréal des Jahres II (11. Mai 1794) verankert, nach dem das Prinzip der sozialen Sicherheit eingeführt und in jedem Departement ein Buch der nationalen Wohltätigkeit ausgelegt wurde: In dieses Buch sollten Alte und Kranke aus der Landbevölke-

rung, Mütter und Witwen mit Kindern eingetragen werden; beide Personengruppen sollten eine jährliche Unterhaltsrente und Beihilfen erhalten und in den Genuss kostenloser medizinischer Betreuung bei sich zu Hause kommen.
„Europa soll erfahren, dass ihr auf französischem Territorium weder einen Unglücklichen noch einen Unterdrücker mehr sehen wollt", hatte Saint-Just am 13. Ventose 11 (3. März 1794) ausgerufen; „dass dieses Beispiel auf der Erde Früchte trage und die Liebe zur Tugend und das Glück ausbreite! Das Glück ist ein neuer Gedanke in Europa!"

[1] Angehörige der „Bergpartei", das sind die jakobinischen Abgeordneten im Nationalkonvent, Führung durch „Wohlfahrtsausschuss" unter Robespierre.

Albert Soboul: Die Große Französische Revolution. Ein Abriss ihrer Geschichte 1789–1799. S. 360f.

MATERIAL

4 Robespierre über die Grundsätze der revolutionären Regierung (25. Dezember 1793)

Die Rede wurde im Namen des Wohlfahrtsausschusses vor den Abgeordneten des Nationalkonvents gehalten. Der folgende Auszug wird aus der wohl ersten deutschen Übersetzung zitiert, die im damals zu Dänemark gehörenden und deshalb Pressefreiheit genießenden Altona (heute Stadtteil Hamburgs) 1794 anonym erschien.

Die Theorie der revolutionären Regierung ist ebenso neu, als die Revolution selbst, durch welche sie herbeigeführt ward. [...]
Das Geschäft der Regierung ist, die moralischen und physischen Kräfte der Nation nach dem Zwecke ihrer ursprünglichen Einrichtung hinzulenken.
Der Zweck der konstitutionellen Regierung ist, die Republik zu erhalten; derjenige der revolutionären Regierung ist, sie zu gründen.
Die Revolution ist ein Krieg der Freiheit gegen ihre Feinde; die Konstitution ist die Regierung der siegreichen und friedlichen Freiheit.
Die revolutionäre Regierung erfordert eine außerordentliche Tätigkeit, eben darum, weil sie im Kriege ist. Sie ist weniger einförmigen und weniger strengen Regeln unterworfen, weil die Umstände, in denen sie sich befindet, stürmisch und veränderlich sind, vorzüglich aber, weil sie gezwungen ist, beständig neue und schnelle Hilfsmittel gegen neue und dringende Gefahren anzuwenden.
Die konstitutionelle Regierung beschäftigt sich vornehmlich mit der bürgerlichen, die revolutionäre aber mit der öffentlichen Freiheit. Unter der konstitutionellen Regierung ist es beinahe genug, die Individuen gegen den Missbrauch der öffentlichen Gewalt zu schützen. Unter der revolutionären Regierung muss die öffentliche Gewalt sich selbst gegen alle Faktionen verteidigen, von denen sie angegriffen wird. Die revolutionäre Regierung ist den guten Bürgern allen Nationalschutz, den Feinden des Volkes aber nur den Tod schuldig. [...]
Wenn aber die revolutionäre Regierung tätiger in ihrem Gange und freier in ihren Bewegungen sein muss als die gewöhnliche Regierung; ist sie darum minder gerecht und minder rechtmäßig? Nein! Sie stützt sich auf das heiligste aller Gesetze, auf das Wohl des Volkes; auf das unverwerflichste aller Rechte, auf die Notwendigkeit. [...]
Ihr Ziel ist die Beseitigung der Anarchie und der Unordnung, um die Herrschaft der Gesetze herbeizuführen und zu festigen.

Axel Kuhn: Die Französische Revolution. Stuttgart (Reclam) 1999. S. 247ff.

MATERIAL 5

Erschießung von „Rebellen" in Lyon im Oktober 1793

In der Zeit der höchsten Bedrohung durch die europäische Kriegskoalition waren die Sansculotten in drei Bereichen für die Revolution von überlebenswichtiger Bedeutung:
1. als Kern der Freiwilligenverbände in der Revolutionsarmee im Rahmen der „levée en masse"; 2. durch ihren Arbeitseinsatz in den Nationalwerkstätten zur Versorgung der Armee durch Waffenproduktion, Salpetergewinnung und Requirierung von Nahrungsmitteln;
3. zur Durchsetzung der Konventsbeschlüsse in der Provinz mit Hilfe der spontanen, anarchischen Terreur, z. B. der Ertränkung von 2 000 bis 3 000 Gefangenen in der Vendée in der Loire (Herbst 1793) und der Erschießung von 2 000 Rebellen in Lyon (8. Oktober 1893), seitens der Überwachungskomitees und der „Armées revolutionnaires".

Anonymer Kupferstich nach Schubert aus dem deutschen „Revolutions-Almanach" von 1795.

MATERIAL 6

Die Opfer der Terreur, der Schreckensherrschaft, in Zahlen nach Départements

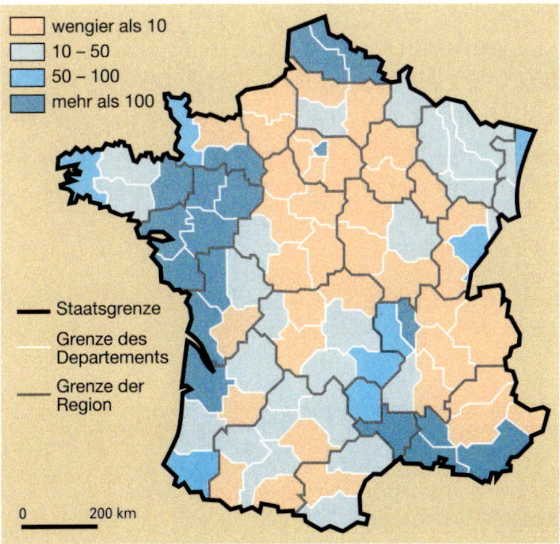

Von Revolutions- und anderen Sondergerichten zum Tode Verurteilte und Hingerichtete, nach Albert Soboul ca. 35–40 Tsd., dabei die Hinrichtungen ohne Gerichtsurteil wie in Nantes und Toulon.
Begründungen der Urteile: 78% wegen Rebellion oder Verrat; 19% wegen Gesinnungstaten, z. B. Agitation zur Verweigerung des Verfassungseides; 1% wegen Wirtschaftsverbrechen.
Soziale Zusammensetzung der Hingerichteten: Bürger 25%, Bauern 28%, Sansculotten 31%; Adel 8,5%; Klerus 6,5%.

nach: Funkkolleg Geschichte. Studienbegleitbrief 8. Hrsg. v. Dt. Institut für Fernstudien an der Universität Tübingen. Weinheim und Basel (Beltz) 1980. S. 91.

MATERIAL

7 Die Politik der Terreur – zwei Sichtweisen

a) Der französische Historiker Albert Soboul (1962) zieht zunächst eine Bilanz über die Opfer der Terreur: Die Schätzungen der Historiker gehen von 10 000 bis 300 000 Verhafteten, und Toten zwischen 35 000 und 40 000. Bei der sozialen Zusammensetzung gehörten – so Soboul – 84% der Verurteilten dem alten Tiers État an, 8,5% dem Adel und 6,5% dem Klerus.

Die Schreckensherrschaft war also im Wesentlichen ein Instrument zur Verteidigung der Nation und der Revolution gegen die Rebellen und Verräter. Wie auch der Bürgerkrieg insgesamt, von dem er nur eine Erscheinungsform ist, schloss der Terror die aristokratischen Elemente und ebenso diejenigen, die sich der Aristokratie angeschlossen hatten und deswegen nicht in die Gesellschaft eingeordnet werden konnten, aus der Nation aus. Er übertrug den Regierungsausschüssen die *Zwangsgewalt*, die ihnen ermöglichte, die Autorität des Staates wieder aufzurichten und allen die Ordnung des Staatswohls aufzuzwingen. Er trug zur Entwicklung des Gefühls nationaler Solidarität bei und brachte die Klassenegoismen vorübergehend zum Schweigen. Insbesondere ermöglichte der Terror die Durchführung der Zwangswirtschaft, die für die Kriegsanstrengungen und die Rettung der Nation notwendig war. In diesem Sinne trug die Schreckensherrschaft zum Sieg [der Revolution – d. Verf.] bei.

Albert Soboul: Die Große Französische Revolution, übs. J. Heitmann, D. Krause-Villmar, Frankfurt/M. (EVA) 1973, S. 353.

b) Der deutsche Historiker Rolf Reichardt (1980)

Seit der Überwindung der inneren und äußeren Gefährdung der Revolution im Sommer 1793 begann die vom Parlament getragene „bürgerliche" Revolution die politische Bewegungsfreiheit der Sansculotten wieder einzuschränken:

1793 *5. Sept. Versammlungen der Sansculottensektionen nur zweimal pro Woche erlaubt.*
30. Okt. Verbot des „Clubs revolutionärer Republikanerinnen".
4. Dez. Auflösung der „Armées révolutionnaires" erst am 27. 3. 1794 in Paris.
6. Dez. Verbot „revolutionärer" Sondersteuern und Zwangsanleihen.

1794 *März/April Hinrichtung militanter Sansculottenführer auf Grundlage neuer Gesetze gegen Lebensmittelaufstände und sozialrevolutionäre Enteignungen.*
April/Mai Säuberung der Pariser Commune von sansculottischen „Anarchisten" wie Jacques Roux; Auflösung der Sektionsversammlungen; Verbot der Sektionsfeste und der von den Sansculotten beherrschten Revolutionsgerichte in der Provinz.

Diese gezielte und konsequente Politik der Disziplinierung und Ausschaltung zeigt, dass das Zusammengehen der Montagnards[1] mit den Sansculotten im Frühjahr und Sommer 1793 keine „sozialistische Volksfront", sondern ein Zweckbündnis auf Zeit gewesen war. Ebenso wenig war nun die Jakobinerdiktatur, von Oktober 1793 bis zum Juli 1794, eine „soziale Republik" im Dienst der Sansculotterie; sie bestand vielmehr gerade in der Außerkraftsetzung der neuen Verfassung von 1793, die das Recht auf Arbeit, Sozialhilfe und Revolution[2] verkündet hatte.
Worauf es der entschlossenen Minderheit der jakobinischen Montagnards vor allem ankam, war nicht eine radikale Veränderung der Gesellschaft, sondern die Eroberung und Erhaltung der absoluten politischen Macht gegen wirkliche und eingebildete äußere wie innere Feinde.

[1] siehe M 3 Anm. 1.
[2] Vor allem die Art. 21 und 35 der „Erklärung der Menschen- und Bürgerrechte" in der Verfassung vom 24. 6. 1793.

Rolf Reichardt: Die moderne Revolution II: Die Französische Revolution. In: Funkkolleg Geschichte. Studienbegleitbrief 8. Hrsg. v. Dt. Institut für Fernstudien an der Universität Tübingen. Weinheim und Basel (Beltz) 1980. S. 89.

MATERIAL 8

Soziale Gleichheit – eine verhängnisvolle Utopie?

*Der französische Historiker Francois Furet (*1927) betrachtet die französische Revolution als Auseinandersetzung zwischen verschiedenen sozialen Gruppen.*

Was kann die Gleichheit „real" machen? Die Abschaffung des Privateigentums. In dieser Hinsicht scheint der Beitrag Babeufs[1] insofern entscheidend gewesen zu sein, als seine Korrespondenz von vor 1789 schon sein Interesse für einen allgemeinen Entwurf einer umfassenden, auf der Güterangleichung basierenden Gesellschaftsreform bezeugt. [...] Während der Revolutionsjahre vertritt Babeuf schließlich nicht mehr die Idee des „Ackergesetzes", die eine Gleichteilung des Ackerlandes unter die Individuen beschwört, sondern eine jedes Privateigentum ausschließende Gemeinschaft des Ackerlandes und eine gleiche Verteilung seiner Produkte unter alle Bürger, die gleichermaßen aufgerufen sind, ihm die Früchte abzugewinnen. Dieser agrarische Verteilungskommunismus ist im Magazin der literarischen Utopien des 18. Jahrhunderts durchaus nicht unbekannt. Aber der Babouvismus[2] erhebt ihn zum revolutionären Programm. Er markiert unbestreitbar den Eintritt des Kommunismus in das öffentliche Leben. [...]

Babeuf entlehnt seine Konzeption des politischen Handelns Marat und den Hébertisten[3]: Das geknechtete und getäuschte, und zwar genau durch ein anderes, diesmal schlechtes Komplott, das der Reichen, getäuschte Volk kann von seinen Ketten nur durch eine geheim operierende aufständische Minderheit befreit werden, die militärisch organisiert und entschlossen ist, zumindest für eine Übergangszeit eine sich über alle Hindernisse hinwegsetzende Diktatur im Namen und zum Nutzen des Volkes zu errichten. [...] Die letzte Welle des jakobinischen Extremismus – und ohne Zweifel die einzige intellektuelle Synthese der egalitären Leidenschaft dieser Zeiten – arbeitet hier die Theorie des revolutionären Putsches aus, die zum Verständnis des 19. und 20. Jahrhunderts wesentlich ist. Die Geschichte der Geheimgesellschaften Europas nach dem Wiener Kongress findet hier ihren Ursprung ebenso wie die russische revolutionäre Tradition vom Populismus bis zum Bolschewismus.

---

[1] Francois Noel (Pseudonym: Gracchus) Babeuf (1760 – hingerichtet 1797).
[2] Ideologie, die sich von Babeuf herleitet.
[3] Jean Paul Marat (1743 – ermordet 1793), Führer in der Volksbewegung und radikaler Jakobiner.

Furet, Francois/Ozouf, Mona (Hrsg.): Kritisches Wörterbuch der Französischen Revolution. Bd. I. Frankfurt/M. (Suhrkamp Verlag) 1996, S. 328 ff.

1. Führen Sie ein Streitgespräch zum Problem der Steuerprogression (M 1).
2. Schreiben Sie einen Kommentar zu der Kartenspielreihe der Égalité (S. 52) aus der Sicht der Jakobiner und Sansculotten (M 1–3) sowie aus der Sicht der Babouvisten (M 8).
3. Vergleichen Sie die Funktion einer „revolutionären Regierung" mit der einer „konstitutionellen Regierung" nach Robespierre (M 4).
4. Erläutern Sie die statistischen Angaben und die Karte (M 5 und 6, vgl. die Ereignisse von 1793/94, S. 39 ff.: M 1 und 2).
5. Entscheiden Sie sich begründet für eine der beiden Beurteilungen zur „Politik der Terreur" (M 7 und die Unterschrift des Bildes M 5).
6. Beantworten Sie anhand von M 8 die Frage, ob soziale Gleichheit eine verhängnisvolle Utopie ist. Beziehen Sie Stellung. Gehen Sie dabei auch auf die heutige Parole „Freiheit oder Sozialismus!" ein.
7. Ordnen Sie Ihre Erkenntnisse den theoretischen Ansätzen (S. 5) zu.

4.0 Die Französische Revolution und Napoleon – Befreiung oder Hegemonie?

„Tanz um den Freiheitsbaum" in einer deutschen Kleinstadt, vermutlich im Rheinland. Zeitgenössisches Gemälde.

Wirkung auf Europa

Die Französische Revolution wirkte wie ein Fanal in Europa. Sie stieß auf eine Stimmung des Wandels, die ein zunehmend selbstbewussteres Bildungs- und Besitzbürgertum im späten Ancien Régime ergriffen hatte und die durch Reformprojekte „aufgeklärter Monarchen" noch gefördert worden war. Die Erschütterung der bestehenden Ordnung führte schließlich in Europa zur Konfrontation zwischen den Staaten der bestehenden monarchischen Ordnung und dem revolutionären Frankreich. Revolution, Bürgerkrieg und Krieg verquickten sich miteinander und radikalisierten die um ihr Überleben kämpfende Revolution bis hin zur Politik der Schreckensherrschaft. Gleichzeitig trugen sie die Revolution mit ihren Botschaften und Errungenschaften über die französischen Grenzen hinaus und verwickelten die Staaten in einen Kampf um die Vorherrschaft in Europa.

Aufstieg Napoleons

In diesen verwirrenden Kämpfen stieg Napoleon Bonaparte zum Heerführer und Kaiser auf und konnte für sich und Frankreich die Hegemonie über den Kontinent erringen. Dabei bewirkte er im Namen der Revolution einen gewaltigen Wandel in den inner- und zwischenstaatlichen Verhältnissen Europas, sei es direkt, indem er die Veränderungen selbst durchsetzte, sei es indirekt, indem sich die alten Herrscher angesichts der Überlegenheit der Franzosen zu eigenen Reformen in ihren Staaten veranlasst sahen. Napoleon wurde zunächst fast überall emphatisch als personifizierte Hoffnung auf Freiheit und Frieden der Völker begrüßt. Jedoch trog diese Hoffnung.

Einerseits zwangen die Verteidiger der alten „legitimen" Ordnung Napoleon zu immer neuen Kriegen und andererseits benötigte Napoleon ständig militärische Siege zur Legitimation seines neuen Kaisertums, das auf eben diesen militärischen Siegen gründete. So bedeutete die napoleonische Herrschaft über Europa meist Krieg.

Befreier oder Zwingherr?

Der als Befreier und Neuerer begrüßte französische Kaiser wurde in den Augen der anderen Europäer zum verhassten Besatzer und Zwingherren, der die Völker des Kontinents für Frankreichs Kriege und Herrschaft ausbeutete. Im Bewusstsein dieser Gegnerschaft nahmen sich die beherrschten Völker Europas mehr und mehr als eigene Nationen im Gegensatz zur französischen wahr und begründeten damit ihren wachsenden Widerstand gegen „die Franzosen". Gleichzeitig nutzten die „legitimen" Monarchen diesen Widerstandswillen ihrer Völker im Kampf gegen den „Usurpator" des Kaisertums. Dieses neue „Bündnis" zwischen den alten Herrschern und ihren Völkern führte Napoleon schließlich in die Niederlage und zu seiner demütigenden Abdankung. Der legendäre Aufstieg und Untergang Napoleons prägte sein zum Mythos gesteigertes Doppelbild bei den Zeitgenossen wie bei der Nachwelt bis heute: Der „Retter der Revolution" gegen den „Totengräber der Revolution", der „Befreier" gegen den „Unterdrücker", der „kühne, alles überwindende Held" gegen den „kläglich gescheiterten Glücksritter", der „Einiger Europas" gegen den „Zerstörer der Welt", der „geniale Tatmensch" gegen den „Gewalttäter".

Restauration statt Revolution?

Nach dem Sieg über Napoleon aber triumphierten 1815 auf dem anschließenden „Wiener Kongress" zur Neuordnung Europas nicht die Nationen, sondern die alten Monarchien. In Frankreich kehrten sogar die Bourbonen auf ihren Königsthron zurück, allerdings nicht mehr als absolute, sondern nur noch als konstitutionelle, d. h. durch eine Verfassung eingeschränkte, Monarchen. Trotz aller Restauration also ließ sich die Entwicklung zu mehr Freiheit und Gleichheit nicht mehr hinter die Zeit der Revolution zurückdrehen. Im Gegenteil wirkten ihre Ziele als Hoffnung und Herausforderung in den europäischen Völkern weiter – selbstbestimmte und solidarisch vereinte Bürger und Nationen zu werden.

Kaiserkrönung Napoleons und seiner Frau Joséphine in Anwesenheit des Papstes Pius VII., 2. Dezember 1804. Gemälde von Jaques Louis David (1807).

4.1 Freiheit und Gleichheit der Französischen Revolution überall in Europa?

Das Glück für Europa?

Europa ohne Unglückliche, ohne Unterdrücker, das Glück für Europa! – so hat es Saint-Just, einer der engsten Vertrauten Robespierres, einem Kontinent zugerufen, über den sich im letzten Drittel des 18. Jahrhunderts unruhige Reformstimmung ausgebreitet hatte. Schrift und Musik hatten diese Stimmung in den Völkern weitertransportiert. Wolfgang Amadeus Mozart wagte es, das in Österreich verbotene Stück des revolutionären französischen Dichters Beaumarchais von der „Hochzeit des Figaro"– inhaltlich ein wenig entschärft und dazu in italienischer Opernsprache – 1786 im kaiserlichen Wien auf die Bühne zu bringen, zunächst mit mäßigem Erfolg, aber triumphal ein Jahr später im tschechischen Prag.

Plakat aus dem Elsass 1792 (1. Koalitionskrieg).

Infolgedessen hätte man durchaus erwarten können, dass ein Übergreifen der Französischen Revolution auf das übrige Europa leicht möglich gewesen wäre. Das Errichten von Freiheitsbäumen, die Feiern am 14. Juli in verschiedenen Gegenden Europas, die Schaffung einer demokratischen Verfassung für Polen noch vor Fertigstellung der ersten Konstitution im revolutionären Frankreich, die Entstehung von Jakobinerklubs wie in Wien oder Budapest und nicht zuletzt die zahlreichen Bauernunruhen in Norditalien, der Schweiz und Deutschland waren deutliche Zeichen für die Ausstrahlungskraft der Revolution.

Wandel durch aufgeklärten Absolutismus

In dieser Zeitstimmung waren Herrscher in Europa von Portugal bis Russland bestrebt, ihre Staaten im Zeichen eines aufgeklärten Absolutismus „von oben" zeitgemäßer zu gestalten. Nirgendwo aber rüttelten die Reformen an der absoluten Machtstellung des Monarchen oder den Privilegien des Adels. So stellte z. B. das preußische „Allgemeine Landrecht" zwar eine schriftliche verbindliche Niederschrift des gesamten geltenden Rechts dar und kam damit aufklärerischen Wünschen entgegen, es festigte jedoch gleichzeitig die ständische Ordnung mit der herausgehobenen Rolle des Adels und war mit seiner Regelung jeweils einzelner Rechtsfälle im Zivil-, Erb- oder Lehns- und Standesrecht genauso wie beim Strafrecht in über 19 000 Paragraphen bei seiner Entstehung bereits Beispiel einer veralteten Rechtssystematik.

MATERIAL

Die Ereignisse zwischen Völkerhoffnung und Völkerkrieg 1

1790	12. 1.: Unabhängigkeitserklärung der Österreichischen Niederlande als „Vereinigte Belgische Staaten". 14. 7.: Feier des „Festes der Föderation" am Jahrestag des Bastillesturms in Hamburg
1791	3. 5.: Annahme einer Verfassung in Polen, Einbeziehung in französische Beratungen. 14. 7.: Die Studenten Hölderlin, Hegel und Schelling pflanzen in Tübingen einen Freiheitsbaum. 27. 8.: Österreichisch-preußische Erklärung von Pillnitz gegen die Revolution. 20. 10.: Der Girondist Brissot eröffnet die Propaganda für den Krieg.
1792	2. 1.: Rede Robespierres im Jakobinerklub gegen den Krieg. 20. 4.: Kriegserklärung der Nationalversammlung an Österreich bei nur 7 Gegenstimmen. 25. 4.: Rouget des l'Isle verfasst in Straßburg den „Kriegsgesang der Rheinarmee" (später: „Marseillaise"). 5. 7.: Erklärung des „Vaterlandes in Gefahr" durch die NV. 25. 7.: Österr.-preuß. Koalition warnt vor Übergriffen gegen die franz. Königsfamilie. 26. u. 28. 8.: Erteilung des französischen Bürgerrechts an 18 ausländische Persönlichkeiten und Aufforderung zur Kandidatur für den Nationalkonvent, u. a. an die Deutschen Klopstock, Campe, Schiller und Cloots, die Amerikaner Washington, Hamilton, Madison und Paine, die Engländer Bentham, Priestley und Wilberforce, den Schweizer Pestalozzi und den Polen Kosciouszko. Paine und Cloots werden gewählt. 20. 9.: „Kanonade von Valmy", Kriegswende zu Gunsten Frankreichs. 21./23. 10.: Eroberung von Mainz durch die Franzosen. Gründung des Mainzer Jakobinerklubs „Gesellschaft der deutschen Freunde der Freiheit und Gleichheit". 19.11.: Konventsdekret über die revolutionäre Unterstützung anderer Völker.
1793	**Februar/März**: Kriegserklärung Frankreichs an England, die Niederlande und Spanien. 17.3.: Rheinischer Nationalkonvent: Mainz erste deutsche volkssouveräne Republik. 6.–13. 6: Beginn des Bürgerkriegs durch die Girondisten; beendet am 23.12. 23. 7.: Kapitulation der von preußischen Truppen eingeschlossenen Festung Mainz . 23. 8.: Gesetz über das militärische Volksaufgebot, die „Levée en masse". 27. 8.: Eroberung der Hafenstadt Toulon durch die Engländer. 17. 9.: Gesetz über die Verdächtigen: Beginn der „Terreur" (Schreckensherrschaft).
1794	**Juni/Juli**: Französische Siege führen im Konvent zur Opposition gegen Robespierre. 24. 7.: Verhaftung österreichischer Jakobiner in Wien, später ungarischer in Budapest. 27.7.: Sturz Robespierres und seiner Anhänger (9. Thermidor).
1795	6. 1.: Aufhebung des Beschlusses der Nichtintervention in fremden Ländern. 19. 1.: Eroberung von Amsterdam; Niederlande werden „Batavische Republik". 1. 10.: Annexion Belgiens durch Frankreich. 26. 10.: Aufteilung Polens zwischen Russland, Preußen und Österreich.
1796	10.4.: Napoleon beginnt Italienfeldzug. 15.10.: Gründung der „Cisalpinischen Republik" mit italienischen Jakobinern.
1797	19. 2.: Frieden von Tolentino zwischen Frankreich und dem Kirchenstaat. **April – Juni**: Matrosenaufstände in der englischen Flotte: Forderung nach Reformen. 17. 10.: Frieden von Campo Formio mit Österreich: Anerkennung der Rheingrenze. Ende des 1. Koalitionskrieges; nur Großbritannien weiter im Kriegszustand bis 1802.
1798	9. 2.: Errichtung der Helvetischen Republik durch Schweizer Revolutionäre. 19. 5.: Beginn von Napoleons Feldzug nach Ägypten. 24. 12.: Allianz Russland – Osmanisches Reich; Beginn der 2. Koalition.
1799	2.1.: Eintritt Großbritanniens in die 2. Koalition; im Oktober Austritt Russlands. 8./9.11.: „18. Brumaire": Absetzung des Direktoriums, Napoleon Erster Konsul; Erklärung der „Revolution als beendet".
1801	Frieden von Lunéville: Verzicht des Dt. Reichs auf die linksrheinischen Gebiete.
1802	Frieden von Amiens mit England und dem Osmanischen Reich. Wiederherstellung der Sklaverei in den französischen Kolonien.
1803	Erneuter Ausbruch des Krieges mit England. „Reichsdeputationshauptschluss" zur territorialen Neuordnung Deutschlands.
1804	Napoleon I., Kaiser der Franzosen; Gesetzbuch: „Code civil" (1807: „Code Napoléon").
1805	3. Koalitionskrieg: Schlachten von Trafalgar und Austerlitz; Friede von Pressburg.

1806	Rheinbund deutscher Staaten und Ende des Heiligen Römischen Reiches Deutscher Nation.
	4. Koalitionskrieg: Schlacht von Jena und Auerstedt; Wirtschaftssperre gegen England.
1807	Frieden von Tilsit mit Preußen; Beginn der „Preußischen Reformen".
	Gründung des „Großherzogtums Warschau" durch Napoleon.
1807/1808	Der Philosoph J. G. Fichte hält seine „Reden an die deutsche Nation".
1808	Erhebung Spaniens gegen die Herrschaft der Franzosen.
1809	5. Koalitionskrieg; Frieden von Schönbrunn (Wien).
1812	Untergang der „Großen Armee" Napoleons im Russlandfeldzug.
1813	Befreiungskriege in den besetzten Ländern; Völkerschlacht bei Leipzig.
1814/1815	Wiener Kongress zur Neuordnung Europas; Verbannung Napoleons nach Elba.
1815	Napoleons „Hundert-Tage-Herrschaft"; Niederlage bei Waterloo; Restauration der Bourbonenherrschaft; „Heilige Allianz" der christl.-konservativen Monarchen; Verbannung Napoleons nach St. Helena (brit.) bis zu seinem Tode 1821.

MATERIAL

2 Spielzeugguillotine von 1792

Eine Spielzeugguillotine von 1792, mit der man Püppchen von Adeligen köpfen und so Revolution spielen konnte. J. W. von Goethe wollte ein soches Spielzeug seinem Sohn schenken und bat daher seine Mutter, dies zu besorgen. Diese antwortete wie folgt:

„Lieber Sohn, alles, was ich dir zu Gefallen thun kan, geschieht gern und macht mir selbst Freude, – aber eine solche infame Mordmaschine zu kaufen – das thue ich um keinen preiss. Wäre ich Obrigkeit, die Verfertiger hätten ans Halsseisen gemusst – und die Maschine hätte ich durch den Schinder öffendtlich verbrennen lassen."

MATERIAL
Freiheitsbäume in Deutschland 3

„Der Freiheitsbaum" (Anonymer deutscher kolorierter Kupferstich).

Unterschrift:
Nau wie soll mir's gefallen, s'is ausser a Baeumche ohne Wurtzel, un a Kaepla ohne Kopf.

Siehe auch Bild S. 60.

MATERIAL
Das Revolutionsfest bei dem Hamburger Großkaufmann Georg Heinrich Sieveking am 14. Juli 1790 4

Sophie Reimarus, Frau des Hamburger Arztes Reimarus, berichtet in einem Brief vom 3. August 1790 an ihren Bruder August von Hennings über das Fest (in historischer Schreibweise):

„Erst wollte Sieveking das Fest allein geben, dann schloßen sich noch drei Freunde an ihn. Wir wurden also von vier eingeladen, die fast einerlei Freunde und Bekannte haben. Es war also keine fremde Gesellschaft ob sie gleich ziemlich groß werden mußte. Die iungen weißgekleideten Mädchen trugen national Schleifen am Hute und schräge Schärpen über die Schultern von dunkelblau, Ponceau[1] und weiß gestreiftem Bande. Die iungen Frauen trugen sie als Gürtel. Zum Frühstück versammelte sich alles in Harvstehude und um 12 Uhr 30 Minuten, nach der Pariser Uhr um zwölf, wurde dreimal geschoßen. Die iungen Frauenzimmer stellten sich im halben Kreise, und das Lied, welches ich Dir mitschicke wurde gesungen. Erst sangen wenige im Chor mit bald aber alle, und es war fast kein Auge ohne Thränen es war als ob ein Ton gerührt wurde womit alles, alles einstimmte, nachher gab es einen Augenblick Stille als wenn ieder den Werth des Gutseyns bey sich überdacht hätte und nun war auch jeder für den Tag zur Freude gestimmt. Die Musik dauerte fort, die iungen Leute fingen an zu tanzen, wir älteren gingen spatzieren, setzten uns alle in einer schönen Gegend und baten Klopstock[2] von dem wir gehört hatten, daß er der Freiheit zwei Oden gesungen hatte, er mögte sie uns vorlesen. Er sagte sie uns vor. Voght[3] hält sie für die schönsten, die er je gedichtet hat, sie sind wirklich sehr gut und haben eine erhabene Simplicitet[4]. Er wollte sie uns auf keine Weise geben, sagte sie sollten erst nach seinem Tode gedruckt werden; weil wir ihn aber baten recitirte er sie noch einmal und Stinchen mit ihrem gewaltigen Gedächtniß hat so viel davon behalten, daß ich sie aufschreiben und Dir schicken könnte, wenn ich es nicht für unrecht hielt, weil der Verfaßer nicht will, daß man sie verbreitet, auch Unzern das Geschwindschreiben verbot. Er hat auch Recht, sie sind stark und es giebt noch Despoten.

Zum Mitagseßen hatten wir nur vier Schüßeln und desto mehr Vergnügen. Unzer und der H. v. Knigge[5] saßen mir gegen über. Der Eine war ausgelaßen witzig, der andere in seiner Manier gelaßen. Matthießen saß neben mir und machte seine Poßen und schrieb in Compagnie[6] Billets[7] an die iungen Leute des andern Tisches. Ich gebe Dir dieses Detail damit Du siehest, wie kinderhaft froh man war. Bei dem Gesundheit Trinken der Freiheit und ihrer Helden wurde immer geschoßen. Am Ende der Mahlzeit verlangten alle das Lied wieder, die jungen Sängerinnen standen auf und der ganze Tisch sang mit. Ein Engeländer aus Amerika wurde nun recht laut, schwenkte jedem der ihm nahe stand den Hut, morgen schreibe ich das nach Amerika, solch ein Tag lohnt für manche Angst und Mühe, die man gehabt hat. Er hatte unter den Kriegern gedient, die mit für Freiheit gefochten und erzählte uns daß der vierte Julius Amerikas Freiheits Jahrstag gewesen war. Ehe wir von Tisch aufstanden, gingen drei junge Frauen mit verdeckten Tellern herum und sammelten für die Armen. Die erhielten über 200 Mk."

---

1 rot (wie Mohnblüte)
2 Friedrich Gottlieb Klopstock (1724–1803, Bild S. 67), berühmter deutscher Dichter des „Sturm und Drang"; bei dem Lied auf dem Revolutionsfest handelt es sich wahrscheinlich um die Ode: „Kennet euch selbst", ein Lied, das die Hoffnung auf einen revolutionären Wandel durch die Deutschen zum Ausdruck bringt, wie ihn „unsere Brüder, die Franken" gezeigt haben. 1792 sandte er eine weitere Ode „Freiheitskrieg" an den Herzog Karl Wilhelm Ferdinand von Braunschweig, in der er ihn aufforderte, den Oberbefehl über die Koalitionstruppen niederzulegen, allerdings ohne Erfolg. Klopstock wurde daraufhin am 26. August 1792 vom Nationalkonvent zum Bürger Frankreichs ernannt (s. Zeitleiste S. 63 und 67). 1793 wandte sich Klopstock wegen des beginnenden Terrors enttäuscht von der Revolution ab.
3 Caspar von Voght (1752–1839), großes soziales Engagement in Fürsorge und Bildung
4 Einfachheit
5 Adolph Freiherr von Knigge (1751–1796), Schriftsteller der Aufklärung und Verf. des kurz „Knigge" genannten berühmten Benimmwerkes: „Über den Umgang mit Menschen"; Anhänger der Französischen Revolution
6 in Gesellschaft mit anderen
7 kleine Briefchen

nach: Paris an der Alster. Die Französische Revolution in Hamburg. Hrsg. v. Horst Gronemeyer u. Harald Weigel. Herzberg (Verlag Traugotte Bautz) o. J. S. 25.

MATERIAL

5 Sievekings Freiheitslied, das auf dem Fest gesungen worden ist

Freie Deutsche! singt die Stunde,
Die der Knechtschaft Ketten brach.
Schwöret Treu' dem großen Bunde
Unsrer Schwester Frankreich nach.
Eure Herzen seyn Altäre
Zu der hohen Freiheit Ehre!
Chor: Laßt uns großer That uns freun!
Frei und reines Herzens seyn!

Der Zeitungsabdruck der Freiheitskantate von Sieveking wurde von einer Anmerkung des Herausgebers begleitet. Dort heißt es sehr vorsichtig, es sei nicht beabsichtigt, einen „Geist zu beleben", der den Ländern mit nichtrepublikanischer Verfassung entgegenstehe. Man wisse, „dass auch in Monarchien Freiheit und Glückseligkeit wohnen könne".

Georg Heinrich Sieveking, bewunderte die Französische Revolution, distanzierte sich aber wegen der Terreur später von ihr.

nach: Paris an der Alster. Die Französische Revolution in Hamburg, Hrsg. v. Horst Gronemeyer u. Harald Weigel. Herzberg (Verlag Traugotte Bautz) o. J. S. 28 f.

MATERIAL 6

Aus einem Zeitungsbericht aus Paris zum Revolutionsfest in Hamburg: Le Patriote François 6. 8. 1790, No. 363

Der Brief über das Hamburger Freiheitsfest beginnt mit den Worten:

„Il y a beaucoup de partisans de la révolution de France, et d'enthousiastes des travaux de l'assemblée nationale. Klopstock, le premier génie de l'Allemagne, si célèbre par ses odes et par sa Messiade, est un des principaux de ces amis de la liberté …"
(„Es gibt viele Verfechter der Französischen Revolution und Bewunderer der Arbeit der Nationalversammlung. Klopstock, einer der besten Köpfe Deutschlands, überaus berühmt für seine Oden und seinen Messias[1], ist einer der wichtigsten Freunde der Freiheit.")

[1] Der Messias, biblischer Dichtzyklus (1748–1773 in einzelnen Gesängen veröffentlicht); die ersten drei Gesänge erschienen in den „Bremer Beiträgen", deren Mitarbeiter der Dichter Friedrich Gottlob Klopstock (s. S. 66 Anm. 2) zeitweise war.

Paris an der Alster. Die Französische Revolution in Hamburg, Hrsg. v. Horst Gronemeyer u. Harald Weigel. Herzberg (Verlag Traugotte Bautz) o. J. S. 26.

1. Erarbeiten Sie aus der Zeittafel (M 1) die Bedeutung der wechselseitigen Beeinflussung von innen- und außenpolitischen Entwicklungen für Krieg und Frieden, Aktion und Reaktion, Machtgewinn und Machtverlust, Demokratie und Diktatur.
2. Der österreichische König und deutsche Kaiser Leopold II. stand der Französischen Revolution trotz seiner Verwandtschaft mit dem französischen Königshaus vorsichtig abwartend gegenüber und lehnte ein Eingreifen ab. Man erwartete nämlich allgemein eine Schwächung Frankreichs. Erarbeiten Sie aus dem Bild (S. 62), der Zeittafel (M 1) und aus Geschichtskarten die Konfliktträchtigkeit der territorialen Besitzverhältnisse am Rhein.
3. Erarbeiten Sie aus den Materialien und den Bildern S. 36, 60 und 65 die sprachlichen und ikonografischen Bezüge zur Französischen Revolution.
4. Beschreiben Sie die Stimmungen und die Hoffnungen, die in den Materialien M 2 und 4–6 zum Ausdruck kommen.
5. Stellen Sie fest, welchen gesellschaftlichen Gruppen die in M 2 (Text) und 4–6 dargestellten bzw. beschriebenen Menschen angehören.
6. Formulieren Sie eine Antwort auf die Frage, warum es in Deutschland zu keiner ernsthaften Revolution nach 1789 gekommen ist. Gehen Sie dabei von M 3 und Ihren Ergebnissen aus den Aufgaben 4 und 5 aus.
7. Erörtern Sie, wie die Freiheits- und Gleichheitswünsche in Deutschland und anderen Ländern durch Frankreich hätten unterstützt werden sollen (M 6).

4.2 Ein neues Europa unter der Führung des revolutionären Frankreich

„Feuer von vier Ecken oder fünf Brüder" (Napoleon Bonaparte teilt Europa zwischen seinen Verwandten auf). Unbekannter Künstler. Anfang des 19. Jh. Radierung (Punktiermanier), Aquarell 24,1 x 38,7 cm.

Bedrohung der Monarchien Europas

Ein natürliches Recht auf Glück, auf Freiheit und Gleichheit verkündete die Revolution allen Völkern, d. h. ein Recht auf Wohlergehen, auf individuelle und nationale Selbstbestimmung. Die Monarchen Europas mussten dies als eine Bedrohung der hergebrachten Ordnung und ihrer eigenen Machstellung betrachten. Für die Revolutionäre stellte sich daher die Frage, wie dem Anspruch der Revolution zum Durchbruch zu verhelfen sei, für die Monarchen dagegen, wie ihre Bedrohung unschädlich gemacht werden könne. Hier lag der Zündstoff für kriegerische Konflikte. In einem komplizierten, bis heute umstrittenen Geflecht von Aktion und Reaktion und ihrer jeweiligen Wahrnehmung auf beiden Seiten schaukelten sich die Gegensätze auf: ein immer gewaltsameres Vorantreiben der Revolution und der Verfolgung von möglichen Gegnern in Frankreich einerseits und das Schmieden von Kriegskoalitionen der europäischen Monarchen zur Wiederherstellung der „legitimen" Herrschaft der Bourbonen andererseits.

Antirevolutionäre Koalitionen

Fünf antirevolutionäre Koalitionen kamen so zustande (Zeittafel S. 63 f.). Das revolutionäre Frankreich konnte sich in den beiden ersten Koalitionskriegen behaupten, aber nur durch Mobilisierung aller Kräfte. Damit waren die wachsende militärische Belastung und der Terror der Schreckensherrschaft des Wohlfahrtsausschusses unter Robespierre verbunden. In drei weiteren Kriegen setzte sich das revolutionäre Frankreich durch, allerdings unter Hinnahme und plebiszitärer Bestätigung der Militärdiktatur bzw. des neuen Kaisertums Napoleons.

Napoleon

Der Feldherr und Kaiser Napoleon erschien einer Mehrheit der Franzosen und vor allem dem Bürgertum als der legitime Erbe der Revolution, einer Revolution jedoch, die ihren radikalen und terroristischen Charakter verloren hatte, die Ordnung, wirtschaftliche Prosperität und Sicherheit des Privateigentums zu garantieren schien. Diesem Napoleon kamen auch die Hoffnungen der europäischen Völker auf gemeinsames Zusammenleben in Freiheit und Gleichheit entgegen, einem Napoleon, der z. B. die Schließung der modernen, aufklärerischen Universität Göttingen mit der Begründung verhinderte, dass eine solche Universität nicht irgendeinem König, sondern „Europa" gehöre. Diesem Napoleon hatte Beethoven zunächst auch seine 3. Symphonie, die „Eroica" gewidmet. 1809 waren die europäischen Koalitionen bezwungen und Napoleon zum Herrn über den Kontinent aufgestiegen. Seine Macht war so groß, dass er die besiegten europäischen Staaten nach seinen Vorstellungen neu ordnen konnte und sie sogar unter Einschluss des russischen Zarenreiches zu einer umfassenden Wirtschaftssperre gegen Großbritannien, der sogenannten Kontinentalsperre, zusammenzuschließen vermochte.

CODE CIVIL
DES
FRANÇAIS.

ÉDITION ORIGINALE ET SEULE OFFICIELLE.

GRAND JUGE ET MINISTRE DE LA JUSTICE.

À PARIS,
DE L'IMPRIMERIE DE LA RÉPUBLIQUE.
AN XII. 1804.

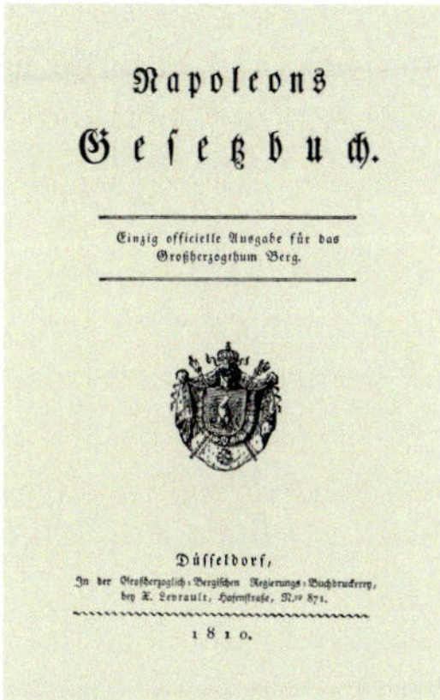

Napoleons
Gesetzbuch.

Einzig officielle Ausgabe für das
Großherzogthum Berg.

Düsseldorf,
In der Großherzoglich-Bergischen Regierungs-Buchdruckerey,
bey X. Levrault, Hafenstraße, N.ro 871.

1810.

Titelblätter des Code civil (Code Napoléon) von 1804 und der deutschen Fassung aus dem Großherzogtum Berg von 1810.

MATERIAL 1

Der gallische Hahn auf dem Sessel und Hut des Dogen

Französisches Flugblatt, Venedig 1797. Der Doge (von dux, Führer) war das von Adel und Klerus gewählte Staatsoberhaupt Venedigs. Das Amt wurde 1797 aufgelöst.

MATERIAL

2 Krieg den Monarchen! Freiheit den Völkern Europas!

Gegen Ende 1791 führte der girondistische Abgeordnete Isnard in der Gesetzgebenden Versammlung u. a. Folgendes für einen Krieg gegen die europäischen Monarchen aus:

[...] Der Franzose wird sich zum erhabensten Volk der Welt entwickeln. Geknechtet, war er unerschrocken und stolz; frei, sollte er furchtsam und schwach sein? Alle Völker als Brüder zu behandeln, niemand zu kränken, aber sich auch von niemand kränken zu lassen, das Schwert nur für die Sache der Gerechtigkeit zu ziehen und es erst als Sieger wieder in die Scheide zu stecken, schließlich, immer bereit zu sein, für die Gerechtigkeit zu sterben und lieber ganz von der Erde zu verschwinden, als sich wieder Ketten anlegen zu lassen: das ist der Charakter des französischen Volkes.

Glaubt nicht, unsere augenblickliche Lage verwehre es uns, jene entscheidenden Schläge zu führen! Ein Volk im Zustand der Revolution ist unbesiegbar. Die Fahne der Freiheit ist die Fahne des Sieges. [...]

Sagen wir Europa, dass das französische Volk, wenn es einmal das Schwert zieht, die Scheide wegwerfen und nur mit dem Siegeslorbeer bekränzt sie wieder aufheben wird und dass, wenn es trotz seiner Kraft und seines Mutes bei der Verteidigung der Freiheit unterläge, seine Feinde nur über Tote regieren würden. Sagen wir Europa, dass, wenn die Kabinette die Könige in einen Krieg gegen die Völker verwickeln, wir die Völker in einen Krieg gegen die Könige verwickeln werden. Sagen wir ihm, dass alle Schlachten, die die Völker sich liefern werden, weil die Tyrannen es so wollen (Applaus). Klatscht nicht, klatscht nicht, achtet meine Begeisterung, sie ist die Begeisterung der Freiheit!

Sagen wir ihm, dass alle Schlachten, die die Völker sich liefern werden, weil die Tyrannen es so wollen, wie die Schläge sind, welche zwei Freunde sich, aufgestachelt von einem heimtückischen Intriganten, in der Dunkelheit zufügen; sobald es heller Tag wird, werfen sie ihre Waffen beiseite, umarmen sich und nehmen Rache an dem, der sie täuschte; ebenso werden die Völker, wenn mitten im Kampf zwischen den feindlichen und unseren Armeen das Licht der Philosophie ihre Augen trifft, sich im Angesicht der entthronten Tyrannen, der getrösteten Erde, des befriedigt zuschauenden Himmels umarmen.

Sagen wir Europa schließlich, dass 10 Millionen Franzosen, vom Feuer der Freiheit entflammt und bewaffnet mit dem Schwert, der Feder, mit Vernunft und Beredsamkeit, wenn man sie herausfordert, ganz allein imstande sind, das Antlitz der Erde zu verwandeln und alle Tyrannen auf ihren tönernen Thronen erzittern lassen. [...]

Walter Grab (Hrsg.): Die Französische Revolution. Eine Dokumentation. München (Nymphenburger Verlagshandlung) 1973, S. 94–96.

MATERIAL

3 Keine Revolution durch Krieg!

Während die Girondisten und die adeligen Kreise um den König für einen Krieg gegen die drohende Koalition der europäischen Fürsten eintraten, waren die Jakobiner um Robespierre strikt gegen einen solchen Weg. Am 2. Januar 1792 hielt Robespierre im Jakobinerklub eine seiner berühmten Reden gegen den Krieg. Darin versucht er u. a. nachzuweisen, dass die Kriegsbefürworter nicht die Sicherung der Revolution im Sinn hätten:

[Die Kriegbefürworter] übernehmen ja selbst die Eroberung Deutschlands; zuerst führen sie unsere siegreiche Armee zu allen benachbarten Völkern; sie richten überall Gemeindehäuser, Direktoriate und Nationalversammlungen ein, und sie selbst verkünden, dass dieser Gedanke erhaben sei, als ob sich das Schicksal von Königreichen durch Redewendungen bestimmen ließe. Unsere Generäle, von Ihnen geführt, sind nur noch Missionare der Verfassung; unser Feldlager ist eine einzige Schule des öffentlichen Rechts; die Satelliten der fremden Monarchen, weit davon entfernt, diesem Plan überhaupt Widerstand entgegenzusetzen, eilen uns entgegen, nicht um uns zurückzutreiben, sondern um uns zu lauschen!

Es ist schade, dass die Wahrheit und der gesunde Menschenverstand diese herrlichen Voraussagen Lügen strafen; es liegt in der Natur der Sache, dass der Sieg der Vernunft nur langsame Fortschritte macht. Auch die schlechteste Regierung findet in den Vorurteilen, in den Gewohnheiten und in der Erziehung der Völker noch immer eine mächtige Stütze. Der Despotismus selbst kann den Geist der Menschen so weit verderben, dass er sich von ihnen anbeten lässt und dabei die Freiheit bei der ersten Berührung als verdächtig und erschreckend erscheinen lassen kann. Die ausgefallenste Idee, die im Kopf eines Politikers entstehen kann, ist die Vorstellung, es würde für ein Volk genügen, mit Waffengewalt bei einem anderen Volke einzudringen, um es zur Annahme seiner Gesetze und seiner Verfassung zu bewegen. Niemand mag bewaffnete Missionare; und der erste Rat, den die Natur und die Vorsicht einem eingeben, besteht darin, die Eindringlinge wie Feinde zurückzuschlagen. Ich habe gesagt, dass eine solche Invasion viel eher die Erinnerung an die Brandschatzung der Pfalz[1] und an die letzten Kriege wiedererwecken könnte, als konstitutionelle Gedanken entstehen zu lassen; denn die Masse der Bevölkerung jener Gebiete kennt diese Tatsachen besser als unsere Verfassung. Die Berichte von einsichtigen Leuten, die dort Bescheid wissen, dementieren alles, was man uns über den Eifer erzählt, mit dem man nach unserer Verfassung und nach unseren Armeen lechzt. Bevor sich die Wirkung unserer Revolution bei fremden Völkern bemerkbar macht, muss der Erfolg der Revolution erst gefestigt sein. Anderen die Freiheit geben zu wollen, bevor wir sie nicht selbst erworben haben, das hieße, unsere eigene Knechtschaft gleichzeitig mit der der ganzen Welt zu verankern; es hieße auch, sich von den Dingen eine übertriebene und irrige Vorstellung zu machen, wenn man annimmt, dass, sobald sich ein Volk eine Verfassung gibt, alle anderen im gleichen Augenblick auf dieses Signal reagieren werden. Hätte das Beispiel von Amerika, das Sie angeführt haben, ausgereicht, unsere Ketten zu sprengen, wenn nicht die Zeit und das Zusammenfallen glücklichster Umstände diese Revolution unweigerlich herbeigeführt hätten? Die Erklärung der Rechte ist keinesfalls das Licht der Sonne, das allen Menschen gleichermaßen leuchtet; sie ist nicht der Blitz, der alle Throne gleichzeitig trifft. Es ist leichter, sie auf ein Blatt Papier zu schreiben oder in Erz zu gravieren, als ihre heiligen Lettern, die durch die Unwissenheit, die Leidenschaften und den Despotismus ausgelöscht wurden, wieder in die Herzen der Menschen einzugraben.

Maximilien de Robbespierre (1758–1794), Portrait von 1790, Musée Carnavalet, Paris.

Maximilien de Robbespierre, aus dem niederen Adel, Rechtsanwalt, radikaler Revolutionär und Vorsitzender des Wohlfahrtsausschusses. Robespierre ließ sich gerne im eleganten Aufzug des Ancien Régime darstellen.

---

[1] Gemeint ist die Verwüstung der Pfalz und Heidelbergs im „Pfälzischen Erbfolgekrieg" (1689) durch die Truppen des französischen Königs Ludwig XIV.

Walter Grab (Hrsg.): Die Französische Revolution. Eine Dokumentation. München (Nymphenburger Verlagshandlung) 1973, S. 97 f.

MATERIAL

4 Revolutionierung des Krieges durch die Französische Revolution?

Der Krieg gegen die ausländischen Gegner der Revolution verlief wechselhaft: Nach einer Reihe von Niederlagen gegen Preußen und Österreich wurden Freiwillige zum Kampf für die Revolution gerufen. Dabei kamen die Marseiller im Juni 1792 zu besonderem Ruhm. Sie griffen das Revolutionslied von Rouget de Lisle (1760–1836), den „Chant de guerre pour l'armée du Rhin" , auf und machten ihn als „Marseillaise" zur Hymne der Revolution und schließlich zur Nationalhymne Frankreichs bis heute. Der neue Einsatz für die Revolution brachte mit der Kanonade von Valmy am 20. September 1792 eine Wende, die die Franzosen schließlich in die Lage versetzte, den Krieg auf das Gebiet des Deutschen Reiches zu tragen; als sich nach der Hinrichtung Ludwigs XVI. England, Spanien und andere Staaten der Koalition anschlossen und antirevolutionäre Erhebungen vor allem in der Bretagne und der Vendée ausbrachen, gab es erneut Rückschläge. Im August 1793 forderten die Sansculotten und die Pariser Sektionen der Jakobiner die „levée en masse", d.h. die Massenaushebung von Soldaten und die Ausrichtung der gesamten Wirtschaft auf Kriegsproduktion, die der Nationalkonvent schließlich am 23. des Monats per Dekret erließ:

Die Marseiller greifen in den Kampf ein. Kupferstich des französischen Malers und Grafikers Denis Raffet (1804–1860).

MATERIAL

5 Napoleonische Herrschaft in Europa

Die Einführung von Reformen nach dem Vorbild des Empire, deren Durchsetzung im Grand Empire[1] Napoleon bis 1813 forcierte, betraf drei Bereiche: Verwaltung, Wirtschaft und Gesellschaft sowie das politische System. Viele dieser Reformen wurden während der kurzen Zeit der napoleonischen Hegemonie nur begonnen. Sie blieben ein Programm wie zumeist die napoleonischen Verfassungen oder wurden gar wie in Nordwestdeutschland und Oberitalien wieder rückgängig gemacht. Trotzdem sollten sie die Innenpolitik der europäischen Staaten im 19. Jahrhundert prägen. Den geringsten Widerstand rief die Rezeption der administrativen Reformen hervor [...]. Die Durchsetzung einer dreistufigen, bürokratisierten Verwaltungshierarchie bedeutete die völlige Unterordnung der Mittelinstanzen und die Beseitigung der ständischen Mitwirkungsrechte in den Provinzen. Die Einführung der klassischen Ministerialverwaltung, insbesondere die Gewaltenteilung in der inneren Verwaltung[2], war eine Form der Rationalisierung, zugleich aber auch die Durchsetzung von Rechtseinheit und Rechtssicherheit für Regierung wie Bürger. Der Rechtsbindung der Verwaltung diente auch die Einführung staatlich autorisierter Gesetzesblätter, durch die die Gesetzesbindung flächendeckend bis auf die unterste Verwaltungsebene durchgesetzt werden sollte. [...]

Der Zentralisierung und Bürokratisierung des Verwaltungsapparates entsprachen die Vereinfachung des Steuersystems und der Ausbau der Finanzverwaltung, die als staatliche Behörde bis auf die Ebene des Steuerzahlers hin ausgedehnt wurde. [...] Das mittlere und höhere Bildungssystem wurde mit Hilfe von Abschluss- bzw. Zugangsprüfungen koordiniert und dem staatlichen Bedarf angepasst. [...] Dieser rationale Staatsaufbau entsprach den Zielen des aufgeklärten Absolutismus und wurde im Vormärz[3] gegen den Widerstand lokaler adlig-patrizischer Herrschaftsinhaber zur wachsenden Effektivität gebracht. Diese Reformen wurden auch außerhalb des napoleonischen Herrschaftsbereiches, so in Preußen, rezipiert. [...]

Die Freisetzung der bürgerlichen Gesellschaft bzw. der Rückzug des Staates aus Wirtschaft und Gesellschaft, war ein säkularer Vorgang, der im aufgeklärten Absolutismus begonnen hatte und während des gesamten 19. Jahrhunderts fortgesetzt wurde. Die napoleonische Epoche brachte aber mit der Zerschlagung der Grundherrschaft bzw. ihre Ersetzung durch vertragliche Bindungen im Sinne des Code Napoleon den entscheidenden Bruch zwischen Alteuropa und der modernen Welt: Zwar gab es häufig Übergangsregelungen bzw. Außerkraftsetzungen entsprechender Regelungen bis über die 48er Revolution[4] hinaus, doch die staatlich angeordnete Aufhebung der Grundherrschaft – zu unterschiedlichen Bedingungen für Bauern und Grundherren – wurde zur Regel in Europa. Die Einbeziehung der ländlichen Arbeitskräfte und des Grundbesitzes in den freien Markt öffnete den Agrarsektor der kapitalistischen Wirtschaftsform. Gleiches wurde im sekundären Wirtschaftssektor durch die Einführung der Gewerbefreiheit vorgenommen. [...]

Es ist erstaunlich, dass Napoleon beim Export der französischen Errungenschaften in das Grand Empire auch auf dem Erlass von Verfassungen, d. h. einer – beschränkten – Mitwirkung einer Volksvertretung an der Gesetzgebung bestand. Diese waren eng mit der Einführung des Code Napoleon verknüpft. Napoleon legte Wert darauf, den Besitzbürger durch eine Beteiligung an der Gesetzgebung für Eigentum und Freiheit dem neuen politischen System zu verbinden bzw. es zu legitimieren. Dies drückte sich zusätzlich in rechsstaatlichen Elementen wie Gewaltenteilung und Gesetzesbindung der Verwaltung aus. Allerdings schränkte Napoleon seit 1802 (Italien) das gleiche Wahlrecht nicht nur nach Vermögen bzw. Steuerhöhe (Zensus), sondern auch berufsständisch und seit 1807/08 sogar geburtsständisch ein. [...] Diese derartig reduzierten revolutionären Errungenschaften waren nun mit der traditionellen Monarchie prinzipiell vereinbar und boten daher eine Brücke zwischen Revolution und konstitutioneller Monarchie, die schon im zweiten Jahrzehnt des 19. Jahrhunderts von den alten Monarchien begangen wurde. Durch diese neue Legitimation wurde die Herrschaft von Gottes Gnaden zur gemeinwohlorientierten Staatsordnung.

---

[1] Grand Empire: das französische Kaiserreich mit den annektierten Staaten, z. B. Niederlande, Norditalien, Norddeutschland.

[2] Klassische Ministerialverwaltung, Gewaltenteilung in der inneren Verwaltung: das meint die klare Zuordnung der Ministerien und der Verwaltungen zur Exekutive und damit ihre Bindung an die Gesetze der Legislative.

[3] Vormärz: Epoche der deutschen bzw. europäischen Geschichte zwischen 1815 bzw. 1830 und der Märzrevolution von 1848, auch Bezeichnung für die liberalen und nationalen Kräfte der Zeit.

[4] 48er Revolution: die im Februar 1848 in Paris, dann im März 1848 in Deutschland und weiter in Europa ausgebrochene Revolution von 1848/49.

Bernd Wunder: Europäische Geschichte im Zeitalter der Französischen Revolution 1789–1815. Stuttgart. Berlin. Köln (Verlag Kohlhammer) 2001. S. 215–217.

MATERIAL

6 Karte des napoleonischen Europa

Die Karte zeigt Europa während der Napoleonischen Kriege. Markiert sind die Städte bzw. Staaten, in denen der Code Civil bzw. Napoléon eingeführt wurde und die Orte, an denen es zu Aufständen gegen die Franzosen kam.

MATERIAL

7 Das napoleonische Europa: Einheit und wirtschaftliche Zusammenarbeit?

Französische Ökonomen hatten unter Napoleon Ideen zu einem europäischen Wirtschaftssystem entwickelt, u. a. Jean Baptiste Say (1767–1832) in seiner „Abhandlung über die politische Ökonomie“ (1803). Say vertrat die Freihandelslehren von Adam Smith (1723–1790), die er jedoch weiterentwickelte:

All diese Handelsbeschränkungen mitsamt der Kontinentalsperre waren Kriegsmaßnahmen[1]. Aber daneben gab es auch so etwas wie ein Kontinentalsystem, den Versuch, die europäische Wirtschaft in einer „kontinentalen Wirtschaftskonföderation“ zu vereinen. Eine solche Wirtschaftsunion war jedoch nicht das Ziel Napoleons. Der französische Historiker André Fugier meint dazu: „Für einen Charakter [wie den Napoleons], dem jede partnerschaftliche Zusammenarbeit fremd war, konnte es nur eine Art von Beziehung geben: die der Vorherrschaft und der Unterordnung. Es sollte nur eine herrschende Wirtschaft geben, nämlich die französische, und untergeordnete Volkswirtschaften, die der Vasallenstaaten. Frankreich würde produzieren, verarbeiten und die Fertigprodukte verkaufen. Die unterworfenen Länder würden die Rohstoffe liefern und die Fertigprodukte abnehmen. So würde die politische durch die wirtschaftliche Vorherrschaft verstärkt, und die Siege der Kaiserzeit würden das Gold einbringen, das für Merkantilisten die einzige Quelle des Reichtums war.“ All dies stand in krassem Gegensatz zu einer Vereinigung Europas. […]

Dennoch ist es nicht uninteressant zu rekonstruieren, wie das ideale Europa, das er angeblich hatte errichten wollen, in seinen Augen aussehen sollte. Hätten die Engländer nach dem Frieden von Amiens nicht wieder den Krieg entfacht, dann „hätte ich [Napoleon] nichts von meinem Ruhm verloren, aber viel durch Einfluss gewonnen; ich hätte Europa moralisch erobert, so, wie ich im Begriff gewesen war, es durch Waffengewalt zu einen“[2]. Mit diesen Worten beginnt eine berühmte Erklärung des Kaisers, in der er eine Art „Europäische Konföderation“ aus den wiedererrichteten Nationalstaaten beschreibt. „Einer meiner größten Gedanken war, Völker wieder zusammenzubringen, die in einem gemeinsamen geographischen Raum lebten, aber durch Politik und Revolution auseinandergetrieben und geteilt wurden. So gibt es in Europa, wenn auch zerstreut, mehr als 30 Millionen Franzosen, 15 Millionen Spanier, 15 Millionen Italiener und 30 Millionen Deutsche. Ich hätte aus jedem dieser Völker eine einzige, wirkliche Nation gemacht. […] Nach dieser Vereinheitlichung wäre es möglich gewesen, sich der Vision einer idealen Zivilisation hinzugeben; bei solch einer Lage der Dinge hätte man Gelegenheit gehabt, überall die Einheit der Gesetzbücher, der Prinzipien, der Meinungen, der Empfindungen, der Gesichtspunkte und Interessen herbeizuführen. Darin würde es vielleicht dank allgemeiner Aufklärung möglich sein, davon zu träumen, der großen europäischen Familie so etwas wie den amerikanischen Kongress oder die Amphiktyonien[3] Griechenlands zu geben. Welch eine Perspektive der Stärke, der Größe, des Wohlbefindens und des Wohlstands!" (Mémorial, 11. November 1816).

Diese Äußerungen, die auch bei heutigen Anhängern eines föderativen und integrierten Europa Anklang finden würden, sollten indes mit größter Vorsicht aufgenommen werden. Napoleons weitere Bemerkungen machen deutlich, dass er eine solche „Konföderation" nur unter seiner Herrschaft anstrebte. Über die Spanier sagte er zum Beispiel: „In der Krise, der sich Frankreich gegenübersah, im Kampf um neue Ideen, in der großen Auseinandersetzung des Jahrhunderts gegen das übrige Europa, konnten wir Spanien nicht abseits liegen lassen, als Beute für unsere Feinde. Es musste aus freien Stücken oder mit Gewalt in unser System eingebunden werden."

Die Annexion mehrerer Regionen Italiens durch Frankreich „war in meinen Augen nur vorübergehend erfolgt und diente nur dem Ziel, die Nationalerziehung der Italiener zu überwachen, zu garantieren und zu fördern".

[1] Die Kontinentalsperre sollte Großbritannien wirtschaftlich niederwerfen, wurde aber durch Schmuggel unterlaufen; für die wirtschaftliche Entwicklung des Kontinents brachte sie einen Industrialisierungsschub durch Fernhalten der überlegenen britischen Waren.

[2] Nach dem „Mémorial de Sainte-Hélène", das Emmanuel Marquis de Las Casas 1821 herausgegeben hat

[3] Bündnis griechischer Stämme in der Antike mit einem Heiligtum als Mittelpunkt

Das Abendland. Die Geschichte Europas von der Antike bis zur Gegenwart. Hrsg. v. Jean Baptiste Duroselle. Niedernhausen (FAKTUM Lexikon Institut. Orbis Verlag in der Verlagsgruppe FALKEN/Mosaik) o. J., S. 273 und 275 f.

1. Erörtern Sie unter Einbeziehung der Zeitleiste (S. 63 f.) und des Einleitungstextes 4.2 die Frage, wer Ihres Erachtens nach entscheidend zum Krieg zwischen Frankreich und den europäischen Monarchien getrieben hat.
2. Verfassen Sie Aufrufe an die Deutschen als Befürworter der politischen Linie Isnards (M 2), Robespierres (M 3) und als Gegner der Revolution.
3. Nehmen Sie Stellung zu der Frage der gewaltsamen Ausbreitung der revolutionären Errungenschaften wie Menschenrechte und Demokratie (M 1).
4. Wider Erwarten der Kriegsexperten der Zeit setzten sich die ungeschulten Revolutionsheere gegen die streng ausgebildeten Soldaten der monarchischen „stehenden Heere" durch. Erklären Sie dieses Phänomen ausgehend von M 4.
5. Erläutern Sie das französische Verwaltungs-, Wirtschafts-, Gesellschafts- und Politikmodellmodell unter Napoleon (M 5).
6. Beschreiben Sie das napoleonische Europa (M 1, 5 – 7 u. Bilder S. 68 f.).
7. Erörtern Sie Vor- und Nachteile einer Einheit Europas unter der Hegemonie Napoleons in einem Streitgespräch von Angehörigen verschiedener Nationen zum Thema: „Mit der französischen Vormacht zu Freiheit und Gleichheit in Europa!"
8. Erörtern Sie die notwendigen Mittel und Wege für einen erfolgreichen Export von Freiheits- und Gleichheitsforderungen in andere Gesellschaften am Beispiel der Ausbreitung der revolutionären Errungenschaften Frankreichs in Europa.
9. Erarbeiten Sie die Bedeutung der Französischen Revolution und der Herrschaft Napoleons für die Nationalstaatsbildung und die Verbreitung revolutionärer Ideen und Errungenschaften in Europa.

4.3 Völker gegen Frankreich – der Nationalismus erwacht

„Die schrecklichen durch angreifende russische Kosaken verursachten Nöte der Franzosen während ihres Rückzuges aus Russland" (Johann Georg Heinrich Hassel nach D. M. Right, 1813, Kupferstich, Aquatinta, Aquarell 33,2 x 46,5 cm).

Hegemonie, Widerstand, Nationalismus

Glück in Freiheit und Gleichheit – die Hoffnung vieler Europäer – erfüllten die Franzosen unter Napoleon nicht. Sie ließen die Völker zunehmend ihre Überlegenheit spüren und beuteten sie aus, um mit deren Geldern und deren Menschen Kriege vor allem im französischen Interesse zu führen. Das rief den Widerstandswillen bei den besetzten Völkern hervor. Sie begannen sich als eigenständige, je andersartige Nationen im Gegensatz zur französischen wahrzunehmen. Jetzt ging es nicht mehr zuerst um die Freiheit der Bürger, der Citoyens, gegen ihre eigenen Herrscher, sondern eher um die Befreiung der Völker Europas gegen die Franzosen. Die Spanier erhoben sich 1808 gegen die französische Besatzung, wo Bauern mit Unterstützung des Adels und des Klerus als Guerillas eine Art Volkskrieg führten. Österreich versuchte sich 1809 gegen die französische Macht zu wehren. 1810 kämpften die Tiroler Bauern unter Andreas Hofer und Josef Speckbacher gegen die Besatzung der Franzosen und der mit ihnen verbündeten Bayern. Auch in Norddeutschland gab es vereinzelten Widerstand durch Freikorps. Erfolg hatten diese Erhebungen jedoch zunächst nicht.

Russlandfeldzug 1812 und Völkerschlacht bei Leipzig 1813

Erst als der Russlandfeldzug von 1812, der gerade die besetzten und abhängigen Länder und Völker besonders stark durch die Bereitstellung von Soldaten und Material belastete, in einer Katastrophe geendet hatte, schien Widerstand gegen die französische Oberherrschaft Erfolg versprechend. Im Zeichen dieses aufkeimenden Nationalismus und der Katastrophe des Russlandfeldzuges vermochten die Monarchen Europas ihre Untertanen in den Kampf gegen Napoleon und Frankreich zu führen. Preußen verbündete sich mit Russland, rief zum Volkskrieg auf und versprach die Einberufung einer Nationalversammlung. Österreich schloss sich dem Bündnis an und zog Bayern auf die Seite der Alliierten. 1813 wurde Napoleon bei Leipzig in der bis dahin größten uns bekannten Schlacht, in der ca. 550 000 Mann kämpften und ca. 120 000 gefallen sind, entscheidend besiegt. In der Geschichte trägt sie den Namen „Völkerschlacht". Ihre Folge war schließlich der Zusammenbruch des napoleonischen Hegemonialsystems in Europa und der Beginn der Restauration.

MATERIAL

Nationale Einheitsstaaten in Europa statt Einheitsstaat Europa! 1

Ernst Moritz Arndt (1769–1860) Historiker und Schriftsteller, Gegner der französischen Revolution und Verfasser zahlreicher antinapoleonischer Kampfschriften schreibt 1802:

Dieser Vielherrschaft[1] verdankt es Deutschland, so wie Italien der seinigen, dass es seit dritthalb hundert Jahren der Schauplatz aller Kriege gewesen ist, die oft mit seinem Blute und auf seine Kosten geführt sind. Haben nicht fast alle Nationen Europens wechselweise es alle zehn, zwanzig, dreißig Jahre in Kriegen zertrampelt? Und hat ein anderes Land, Italien und in den letzten hundert Jahren Polen ausgenommen, ein gleich hartes Schicksal gehabt? England hat seit dem dreizehnten Jahrhundert, die schottischen Streitereien ausgenommen, fast keine fremden Soldaten als Feinde auf seinem Boden gesehen; nach Russland hat fast seit hundert Jahren kein fremdes Volk den Fuß gesetzt; so ist es in Spanien und Frankreich, in Schweden und Dänemark; die Grenzen abgerechnet, wissen sie beinahe nicht, was ein feindseliges Kriegsheer eines fremden Volkes mit sich bringt.

Aber nicht bloß von Fremden ist das Vaterland arg mitgenommen, und wird es bis auf den heutigen Tag; sondern der herrschsüchtige Ehrgeiz unserer Fürsten rief selbst diese Fremden gewöhnlich zum Verheeren herein, und lehrte die Deutschen, mit diesen und ihren Landsleuten sich die Hälse zerbrechen. So ist es gegangen, und geht es alle Tage. Der Deutsche hat die ersten irdischen Gefühle von einem Staate verloren, die freilich an sich selbst nicht edel sind, noch schön, aber doch alles Edlen und Schönen Boden[2]. Ein Volk, das hundert Herren hat, kann nie glücklich sein noch groß, weil ihm das Bewusstsein der Stärke, die Liebe zu einer großen Gesamtheit, der Aufopferung für diese Gesamtheit, fehlt. Die Idee der Gemeinschaft und des Vaterlandes fehlt ihm, die dauernd größte für ein Volk. [...]

Ich habe schon mehr als einmal geäußert, was ich von der Universalität der Völker meine, und dass mir schlecht gefällt, was andere von einem allgemeinen Reiche und einem Zusammenschließen aller Völker mit der fortgehenden Vermenschlichung und Veredelung hoffen und träumen. Ich hasse jenes Zusammenfließen auf Erden, weil es ein Zerfließen, also ein politischer und moralischer Tod der verschiedenen Nationen wird.

[1] Gemeint ist die Vielzahl der souveränen Fürsten bzw. Territorien in Deutschland seit 1648.

[2] Umstellung zum besseren Verständnis: „... aber doch den Boden alles Edlen und Schönen".

Ernst Moritz Arndt: Germanien und Europa, Altona (J. F. Hammerich) 1803, S. 410 ff, 423 ff.

MATERIAL

Ein Brief aus den Befreiungskriegen 1813 2

Henriette von Coulon, Ehefrau des Majors Georg von Coulon, der einer ehemals französischen Hugenottenfamilie entstammte und seit 1806 in der „King's German Legion" für den englischen König und Kurfürsten von Hannover Dienst tat und in ganz Europa eingesetzt war, stand bis zu dessen Rückkehr 1815 in ständigem Briefkontakt mit ihrem Mann. Nach dem Einmarsch der Russen Ende November 1813 in Altona, wo die Familie kriegsbedingt gewohnt hatte, war Henriette wieder nach Stade, dem eigentlichen Wohnort der Coulons zurückgekehrt. Von hier schreibt sie am 18. Dezember 1813 u. a. Folgendes in ihrem Brief an Georg (in historischer Schreibweise):

„Unter dem 8. vorigen Monats [November] hatte ich trotz der Aufmerksamkeit unserer Unterdruecker Gelegenheit, mit einigen Worten dir mein Wohl zu melden, jetzt ergreife ich zuerst als eine freye Deutsche die Feder um mich gantz unverhohlen einmahl mit dir meinem einzigen, ueber alles geliebten Georg zu unterhalten u. dir meine fortdauernde Liebe, die auch unter den grössten Drangsahlen, die wir erlebt haben nicht aufgehört hat zu versichern. Ja mein guter Georg ich kann und darf in diesem Augenblick dir sagen, was mein Herz mir eingibt, denn wir sind erlöset aus der Sklaverey in der wir seit 10 Jahren geseuf-

zet haben, wir duerfen jetzt frey sagen was wir denken, ohne von jener Rotte von Gendarmen belauscht zu werden, die mir vorzueglich immer so furchtbar waren, durch deren Nähe ich so oft erschreckt bin. Mein bester Georg, ich kann dir nicht das Gefuehl was ich empfinde beschreiben, wieder frey denken und handeln zu duerfen. Zwar ist es noch nicht ganz licht in meiner Seele, Harburg u. Hamburg sind noch von den Barbaren besetzt, doch hoffe ich zu Gott, dass er die Waffen unser guten Alliierten ferner segnen u. auch die Einwohner dieser Städte so wie uns erlösen wird. [...] Unterdess da das ganze Hannöversche u. Westfalen, wie auch ein Teil von Holland frey ist, so muss man doch hoffen, dass diese beiden Plätze sich ebenfalls ergeben. [...]
Alle jungen Leute von 18–30 Jahre werden jetzt aufgefordert, Soldat zu werden. Ich wollte jetzt, ich hätte noch mehr Jungens, die fuers Vaterland streiten könnten, mit Freude wuerde ich sie dazu hergeben. Täglich habe ich meinen Ärger, dass nicht alle Menschen so denken wie ich u. ihre Söhne, wenn sie es nur könnten, zurueckhalten wollen, doch ist gottlob die Anzahl derjenigen nicht sehr gross. Ein jeder hat den Druck des Tyrannen erfahren und die wohlhabendsten Menschen sind durch die Franzosen Bettler hier geworden.
Ich bin sehr froh, dass unser Fritz schon längst das Gefuehl fuer Pflicht u. Vaterland zu den Waffen greifen gebracht hat u. ich bin ueberhaupt, du mein bester Georg, ueberzeugt, du freust dich gleichfalls jetzt dieses deines Sohnes. Erhält er sich gesund, so ist ihm sein kuenftiges Fortkommen im Civilstande gewiss, u. er, wie wir alle haben das angenehme Bewusstsein, dem Vaterlande mit gedient zu haben.
Gott sey mit dich, wo du auch seyn magst u. erhalte dich mir gesund, das ist mein tägliches Gebet. Ewig u. unveränderlich bin ich deine treue Henriette, d. 18. December 1813."

nach: Joachim Kannicht (Hrsg.): Und alles wegen Napoleon. Aus dem Kriegstagebuch des Georg von Coulon, Major der Königlich Deutschen Legion und den Briefen seiner Frau Henriette 1806–1815. Koblenz (Bernhard & Graefe Verlag) 1986, S. 150–152.

MATERIAL
3 Ein spanisches Gemälde: Der Koloss (um 1810)

Francisco de Goya (zugeschrieben), Der Koloss, um 1810, Öl auf Leinwand 116 x 105 cm, Museo del Prado.

Die vorherrschende Interpretation meint, dass Goya mit dem „Koloss" Spanien und das spanische Volk symbolisieren wollte. In einer anderen Interpretation stellte der „Koloss" die Schrecken des Krieges dar.

MATERIAL

Reichsfreiherr vom und zum Stein: Vom französischen Nationalcharakter 4

Der Reichsfreiherr vom und zum Stein (1757–1831) *war einer der wichtigsten preußischen Reformpolitiker Anfang des 19. Jahrhunderts.*

Die aus solchen Quellen entstandene, nach solchen irrigen Ansichten[1] geleitete Begierde nach Neuerungen nahm den Charakter der Nation an, in der sie ausbrach, sie verbreitete sich rasch und äußerte sich stürmisch und rücksichtslos bei einem aufbrausenden, beweglichen, eitlen und unmoralischen Volk. Selbstgefälliger Dünkel und Neuerungssucht, welche Lehren und Beispiele der Geschichte und der Zeitgenossen verhöhnte, leiteten es, sein Betragen ward verwildert und verbrecherisch, sobald die grenzenlose Schwäche des Regenten allen kund ward. Die Nation zerfleischte sich nunmehr selbst, sie widerstand den ungeschickten Angriffen des Auslands mit Kraft und unerschütterlichem Mut, hätte aber doch zuletzt die errungene Übermacht verloren, wäre sie nicht, ermüdet von inneren Zerrüttungen, besorgt wegen der Gefahr von außen, einem Diktator dienstbar geworden. Nun erfolgte ein Zustand, wo jeder eilte, durch Gehorsam sich des neuen Herrn Beifall zu erwerben oder die edleren Gefühle der Freiheit in sein Inneres zu verschließen, wo aller Gemeingeist, aller Sinn für Wahrheit und Recht und jedes Gefühl der Selbstständigkeit verschwand und deren Stelle platter Egoismus, Sinnlichkeit und kriechende Ränkesucht einnahmen. Die republikanischen Einrichtungen verwandelten sich in gehaltlose Gaukelspiele, die hochtönenden Phrasen wurden vergessen, nur die Sprache der unbedingten Unterwürfigkeit, der gesuchtesten Schmeichelei durfte laut werden. Diese plötzliche Verwandlung glühender Republikaner in geschmeidige, charakterlose, vom Wink eines Einzigen abhängige Höflinge müsste mitleidiges Lachen erregen, wäre nicht dieser Leicht- und Sklavensinn die Quelle eines so großen und weit verbreiteten Elends gewesen.

Bei einem gut gearteten, verständigen, besonnenen und wahrer Freiheit fähigen Volk hätte eine Umänderung seiner Staatsverfassung einen anderen Gang genommen, wie es aus dem Beispiel der Engländer, Schweizer, Holländer und Angloamerikaner klar wird.

[1] Stein meint hier, dass die Lehre Rousseaus vom „Gesellschaftsvertrag" durch die Revolutionäre der Zeit und vor allem der Franzosen falsch verstanden worden sei. Rousseaus Demokratievorstellung beziehe sich nur auf kleine Stadtgemeinden wie Genf, nicht aber auf ein großes Volk, das nur von Repräsentanten vertreten werden könne.

nach: Freiheit, Gleichheit, Brüderlichkeit. Die Französische Revolution im deutschen Urteil. Hrsg. v. Wolfgang von Hippel. München (dtv) 1989, S. 76.

MATERIAL

Vom deutschen Nationalcharakter 5

Ernst Moritz Arndt (1769–1860) *war Dichter („Was ist des Deutschen Vaterland?") und setzte sich für das Ziel eines deutschen Nationalstaates ein.* 1848/49 *war er Abgeordneter der Deutschen Nationalversammlung in der Paulskirche. Aus Ernst Moritz Arndts Schrift „Die Französische Revolution führte in die ‚Vorhallen einer neuen Zeit'"*, 1814:

Unter dummen und faulen Menschen und unter solchen, welchen das Kurze und Mühelose gefällt, das allerdings da ist, wo gar kein Wettkampf lebendiger Kräfte stattfindet, wird der Despotismus immer Verteidiger finden. […] Aber teutsche Vernunft und teutsche Ehre werden es hoffentlich dahin nicht kommen lassen, dass wir ferner von solchen Schergen der Willkür getrieben werden, sondern alle insgesamt, Fürsten und Volk, werden durch die große Zeit lernen, dass nur das teutsche Ordnung heißt, Gesetzen gehorchen und nach Gesetzen regieren, und dass wir den Schimpf solcher Einrichtungen nicht dulden müssen, welche nicht Freien geziemen, sondern Knechten.

nach: Freiheit Gleichheit, Brüderlichkeit. Die Französische Revolution im deutschen Urteil. Hrsg. v. Wolfgang von Hippel. München (dtv) 1989, S. 84.

MATERIAL

6 Nation und Nationalismus in Europa

*Der Historiker Hans-Ulrich Wehler (*1931) zur Bedeutung der Nationsbildung und des Nationalismus:*

Seit den großen Revolutionen in England, Amerika und Frankreich bildete sich eine internationale Konstellation heraus, die man als die zur Imitation verlockende Ausstrahlung einer gelungenen Lösung bezeichnen kann. Der amerikanische Wirtschaftshistoriker Alexander Gerschenkron hat aus der vergleichbaren Konstellation der modernen Industrialisierungsgeschichte das spezifische Verhältnis von „Pionierländern" und „Nachzüglern" hergeleitet. Gibt es einmal eine erfolgreiche Industrielle Revolution, geraten alle entwicklungsfähigen Staatsgesellschaften in einen immensen Nachahmungssog, der durch die imponierende Leistungskapazität des Anführers und den Konkurrenzzwang im Staatensystem ausgelöst wird. Sie müssen dafür dieselben Ressourcen, wie der Spitzenreiter sie besitzt, aufbauen oder, mehr noch, durch Innovation und Substitution ein vergleichbares Potential schaffen. Im Hinblick auf den Nationalismus gab es seit dem Ende des 18. Jahrhunderts den Demonstrationseffekt von drei solchen Pionier- oder Bezugsgesellschaften, von denen die Faszination eines evolutionsgeschichtlichen Vorsprungs ausging. Entweder waren bestehende Territorialstaaten wie England und Frankreich durch eine innerstaatliche Revolution nationalisiert worden, oder die Staatenunion jenseits des Atlantiks hatte sich von Anfang an als „the first new nation" auf der Basis der Volkssouveränität verstanden.
Was in England nur als Forderung des linken Puritanerflügels aufgetaucht war, das gewann in Nordamerika und Frankreich schon realhistorische Macht: Für die Nation sollte die Gleichheit aller Nationsgenossen gelten, um die intendierte Volkssouveränität von jeder rechtlichen und ständischen Einschränkung zu befreien. Damit aber ging die egalitäre Demokratie eine [...] unauflösliche Verbindung mit dem Nationalismus ein. Auch dieser Nexus erhöhte für innerstaatliche – sei's frühliberale oder sei's demokratische – Oppositionsbewegungen die Attraktion des neuen Modells. Vor allem aber galten die Referenzgesellschaften im Urteil ihrer Umwelt auch schon in jeder anderen Hinsicht als Muster an Modernität. Ihre Staatsorganisation zog Bewunderung auf sich, ob es nun für die einen die föderalistische Republik in Amerika, für die anderen der bürokratisierte Territorialstaat in Frankreich oder die englische parlamentarische Monarchie auf der Basis lokaler Selbstverwaltung war. Ihre Wirtschaftsleistung ließ sie, nachdem England den holländischen Rivalen niedergekämpft hatte, als unangefochtenes Spitzentrio erscheinen. Kurzum: Ihre Modernisierungsfähigkeit hatte sie ohnehin schon zu Vorbildern gemacht, und der Nationalismus, der in den Konfliktsituationen solche unerhörten Leistungskräfte zu entfesseln fähig gewesen war, schien jetzt zu diesem Erfolgssyndrom als Kennzeichen wahrhafter Modernität noch hinzuzugehören. So sahen es zeitgenössische Intellektuelle und Politiker überall in Europa. Aber auch unabhängig von ihrem Urteil kann man den Nationalismus als ingeniöse soziale Erfindung verstehen, die sich als Antwort auf revolutionäre Krisen des westlichen Modernisierungsprozesses herausbildete. Nachdem sich der Nationalismus aber einmal in einigen Ländern konsolidiert hatte, bildete er ein geistiges Großklima aus, das jahrhundertelang über ihnen stehen bleiben sollte. Freilich trat auch von Anbeginn seine Ambivalenz zutage, denn seine Kraft zur Massenmobilisierung machte ihn nicht nur als Integrationsdoktrin attraktiver, sondern erwies ihn, wie etwa die Reflexion über die Französische Revolution sogleich ergab, als Gefahrenherd für die gesellschaftliche und politische Stabilität. [...] In allen Pionierländern galt der souveräne Nationalstaat, der durch den Nationalismus integriert und legitimiert wurde, als Hauptziel ihrer nationalen Bewegungen. Insofern wurde der neuzeitliche Staatsbildungsprozess in Gestalt des Nationalstaats weiter fortgesetzt, während der Nationalismus die Nationsbildung mit dem Ziel vollendeter Homogenität und unbestrittener nationaler Identität vorantrieb. Beide Prozesse müssen aber analytisch voneinander getrennt werden. [...]

Hans-Ulrich Wehler: Nationalismus. Geschichte, Formen, Folgen. München (C.H.Beck) 2001, S. 22–25.

Entwicklung des Nationalcharakters, Karikatur von Fritz Behrendt 2006.

1. Erarbeiten Sie aus den Ausführungen Ernst-Moritz Arndts (M 1) dessen Auffassung von „Nation". Diskutieren Sie ihre Bedeutung für das Zusammenleben der Völker.
2. Der Hamburger Historiker Ernst Anrich, der Herausgeber des erstmaligen Neudrucks von Arndts Schrift über „Germanien und Europa" seit 1803, war ein führender Ideologe des Nationalsozialismus. In der Einleitung bezeichnet er die Schrift als Zeichen eines Aufbruchs, der jetzt vom Nationalsozialismus vollendet werde. Erörtern Sie die Berechtigung dieser Wertung.
3. Suchen Sie zu dem Gemälde „Koloss" (M 3) einen Abdruck des bekannten Bildes Goyas „3. Mai 1808". Vergleichen Sie beide hinsichtlich ihrer Bedeutung für ein spanisches Nationalbewusstsein.
4. Untersuchen Sie M 1–5 sowie das Bild Kap. 1.0 (S. 6) unter folgenden Aspekten: Gründe für die Herausbildung eines Nationalgefühls, seine Äußerungsformen, seine Bedeutung für die Freiheitssehnsucht und das Zusammenleben der Völker.
5. Vergleichen Sie das revolutionäre Verständnis von „Nation" in Frankreich mit dem Verständnis der anderen Völker unter französischer Herrschaft.
6. Erarbeiten Sie aus M 6 H.-U. Wehlers Verständnis von Nationalismus und verfassen Sie davon ausgehend einen kurzen Essay über die Bedeutung der Französischen Revolution und Napoleons für den modernen Nationalismus.
7. Wehler kommt hinsichtlich des Nationalstaats und damit auch des Nationalismus zu dem Schluss, dass sie heute überlebt seien. Beurteilen Sie die Bedeutung der Nation, des Nationalstaats und des Nationalismus heute aus Ihrer Sicht.
8. Diskutieren Sie die Vorteile und Gefahren des „Volksheeres" bzw. der allgemeinen Wehrpflicht für die Kriegführung seit der Französischen Revolution.
9. Andersartigkeit, Heterogenität, Vielfalt stehen in einem Spannungsverhältnis zu Gleichheit, Einheit, Gemeinsamkeit. Entwickeln Sie Strategien, das Zusammenleben der Völker in diesem Spannungsverhältnis zu ermöglichen.

4.4 Napoleon: Faszination und Propaganda – von der Legende zum Mythos der Geschichte

„Vive l'empereur!"

Jeden ersten Sonntag im März wird die Rückkehr Napoleons am Strand des Mittelmeers von Golfe-Juan nachgespielt und mit den alten Rufen: „Vive l'empereur!" „Vive Napoléon!" wieder belebt. Im französischsprachigen Aostatal in Italien am Fuß des St. Bernhard wird alljährlich die Alpenüberquerung Napoleons und seiner Soldaten fröhlich als Karnevalszug inszeniert. 1974 siegte im europäischen Chansonwettbewerb die schwedische Popgruppe ABBA mit dem Song „Waterloo", in dem der Ort der Katastrophe des Kaisers zum Symbol für eine stürmische Liebeseroberung wird:

Waterloo – Keiner nahm mich so im Sturm wie du
Waterloo – Ich kam davon wie Napoleon
Waterloo – Ich gebe auf und ich komm' zu dir
Waterloo – Auch wenn ich dabei mein Herz verlier'!
Wa-Wa-Wa-Wa-Waterloo – Auch wenn ich dabei mein Herz verlier'!
(*Waterloo, Andersson, Benny/Andersson, Stig/Ulvaeus, Björn, Union Songs Musikförlag AB/Universal Music Publ. GmbH, Berlin*)

Der Mythos Napoleon

Napoleon – seinem Namen, den Orten seiner Triumphe und Niederlagen – traut man offensichtlich heute noch zu, auf Menschen über Assoziationen anziehend zu wirken: „Tatmensch" und „Retter Frankreichs" in Golfe-Juan, „Befreier" und „Alpenbezwinger" im Aostatal, „Sieger" und „Besiegter" im ABBA-Song. Solche Stichworte aus den Erzählungen und Bildern über Napoleon prägen unsere heutigen Vorstellungen von seiner Person und ihrer Geschichte und entfalten wie ein antiker Mythos über Götter und Helden ihre magische Wirkung auf uns. Aus mythischen Erzählungen wie z. B. Homers Ilias und Odyssee konnten die Griechen ihre Bedeutung in der Geschichte ableiten und ihr Handeln rechtfertigen und so für sich ein gemeinsames Selbstverständnis stiften. Für die Römer bot die „Äneis" des Dichters Vergil die mythische Begründung des Weltherrschaftsanspruch Roms und des Kaisers Augustus.

Begriff „Mythos"

Dementsprechend lässt sich der Mythos-Begriff in Anlehnung an die Germanistin und Historikerin Barbara Beßlich definieren: Ein Geschichtsmythos entsteht durch Vereinfachung der historischen Vielgestaltigkeit und durch Auswahl bestimmter Merkmale aus den historischen Gegebenheiten, um Eindeutigkeit und Gewissheit über den Verlauf der Geschichte zu erreichen. Durch Personalisierung historischer Prozesse und Idealisierung historischer Figuren und Ereignisse wird an die Stelle rationaler Aufklärung und kritischer Auseinandersetzung mit der Geschichte Sinn und Notwendigkeit in der Geschichte gesetzt. Der Mythos entzieht sich so seiner Falsifizierbarkeit. In diesem Sinne unterscheidet er sich von seiner alltäglichen Verwendung als bloße und falsche Illusion von einer Person oder einem Geschehen, das es zu entlarven gilt. Zwar hat auch die Mythenzerstörung in unserer historisch-politischen Gegenwartsauseinandersetzung eine zentrale Funktion, aber mindestens ebenso bedeutsam ist es, Inhalt und geschichtliche Wirkung eines Mythos zu erkennen und seine Verwendung in verschiedenen Darstellungsformen bis heute zu verstehen.

Bildung des Napoleon-Mythos

Napoleon selber hatte schon zu seinen Lebzeiten durch die auch von ihm selbst geförderte Legendenbildung um seine Person in Malerei und Dichtung durch seine Armeeberichte sowie schließlich durch seine – allerdings unvollendeten – Memoiren die Grundlagen für seinen Mythos gelegt. Aber auch die anfangs enthusiastischen und später oft hasserfüllten Äußerungen über ihn überall in Europa wirkten an dessen Ausgestaltung mit. Nach dem Tod Napoleons waren es dann vornehmlich die Literaten, die seinen Mythos meist verherrlichend, aber manchmal auch verteufelnd zu voller Entfaltung brachten.

Immer wieder: Vive l'empereur

Der „Napoleon-Mythos", spezifisch ausgeprägt in den europäischen Völkern, erlangte so vor allem im 19. und 20. Jahrhundert seine Wirkmacht. Für verschiedenste politische Richtungen und Ziele setzten ihn die Zeitgenossen ein und nutzen ihn auch heute noch, wenn z. B. der 2007 gewählte französische konservative Staatspräsident Nicolas Sarkozy von sich gesagt haben soll: „Aber ich bin gewählt worden, um überall etwas in Bewegung zu setzen.", und er in den Medien als „Supersarko", „Monsieur 1000 Volt" oder „Hyperpräsident" gefeiert wird und damit die Bilder des alles überwindenden „Tatmenschen", gewaltigen „Bewegers" oder gar ersehnten „Retters" Napoleon aufgerufen werden.

MATERIAL

Daten zu Person und Mythos Napoleons **1**

1769	Geburt Napoleon Bonapartes (15.8.) in Ajaccio/Korsika (seit 1768 französisch).
1779–1784	Erziehung an Militärschulen in Paris; 1785 Leutnant der Artillerie.
1793/94	Bruch Napoleons mit der korsischen Separatistenbewegung während des 1. Koalitionskriegs; Anschluss an die Jakobiner, Beförderung zum Brigadegeneral.
1795	Niederwerfung eines Royalisten-Aufstandes; Befehlshaber der „Armee des Innern".
1796/97	Oberbefehlshaber der Italienarmee; siegreicher oberitalienischer Feldzug, Beginn des Napoleon-Mythos mit der Schlacht von Lodi (10. Mai).
1798	Ägyptische „Expedition", Krieg mit dem Osmanischen Reich.
1799	Staatstreich vom 18. Brumaire (9. November); Konsularverfassung: Napoleon „Erster Konsul"; Erklärung: „Die Revolution ist beendet."
1800	Überraschende, spektakuläre Alpenüberquerung am St. Bernhard im 2. Koalitionskrieg; frz. Siege über Österreich; Friede von Luneville (1801) u. Amiens (1802).
1802	Konsul auf Lebenszeit.
1804	Errichtung eines erblichen Kaisertums durch Plebiszit.
1805–1809	3., 4. und 5. Koalitionskrieg; seit 1806 Kontinentalsperre gegen England.
1808	Europäischer „Fürstenkongress" in Erfurt unter Napoleons Führung. Treffen mit den deutschen Dichtern Goethe und Wieland.
1812	Krieg Napoleons gegen Russland; verlustreicher Rückzug nach Brand Moskaus.
1813	Niederlage Napoleons in der „Völkerschlacht bei Leipzig".
1814	Absetzung durch frz. Senat (2. 4.); Abdankung Napoleons (6. 4.); Exil in Elba.
1815	Herrschaft der Hundert Tage nach begeistert aufgenommener Rückkehr aus dem Exil; Niederlage Napoleons bei Waterloo; Verbannung auf Lebenszeit nach St. Helena.
1815–1821	Exil auf St. Helena unter britischer Bewachung; Arbeit an seinen Memoiren; 5. Mai 1821: Tod Napoleons; Entfaltung des Napoleon-Mythos, auch auf Grund seiner (unfertigen) Memoiren.
1840	Überführung von Napoleons Leichnam nach Paris u. Beisetzung im Invalidendom.

MATERIAL

2 Napoleon überquert die Alpen am St. Bernhard (1800)

a) Jacques Louis David (1748–1825): Premier Consul franchissant les Alpes au col du Grand-Saint-Bernard (1800). Öl auf Leinwand, 272 x 232 cm. Musée national du château de Malmaison, Paris

Napoleon war von der Wirkung des Bildes so begeistert, dass er David beauftragte, drei Repliken anzufertigen.

b) Insgesamt gibt es fünf Versionen des David-Bildes: Neben dem oben abgebildeten ein weiteres von 1801 in Malmaison, eines in Schloss Charlottenburg, Berlin (Beutegeschenk General Blüchers an Kg. Friedrich Wilhelm III. v. Preußen), im Unteren Belvedere, Wien und in Versailles.

Unteres Belvedere, Wien.

Kopie in Versailles.

Charlottenburg, Berlin.

c) links: Zeichnung von Karl Girardet: Das Bild gibt anschaulich den Bericht des einheimischen Bergführers Jean Baptiste Dorsat aus Bourg-Saint-Pierre wieder. Als das Maultier Napoleons ausglitt und er im Sattel wankte, habe er zu ihm gesagt: „Haben Sie keine Angst, Kapitän!" Napoleon habe daraufhin gelächelt.
rechts: Paul Delaroche (1797–1856), Napoleon überquert die Alpen, Öl auf Leinwand 279,4 x 214 cm.

MATERIAL 3
Gehen Sie in Führung!

Werbung für die Stellenanzeigen der FAZ, 24. September 2007.

MATERIAL

4 Der französische Staatspräsident Nicolas Sarkozy, Karikatur 2007

Titelbild für die Zeitschrift „Cicero“ 2007, von Matthias Koeppel (geb.1937). Öl/Lw., 60 x 60 cm. Potsdam, Redaktion „Cicero“.

MATERIAL

5 Lee Nam Il: Nordkoreas Staatspräsident Kim Jong Il

*Kim Jong Il (*offiziell: 1942) seit 1994 nordkoreanischer Staatspräsident und Vorsitzender der „Koreanischen Arbeiterpartei“. Er ist Nachfolger seines Vaters Kim Il Sung (1912–1994), der 1948 die „Demokratische Volksrepublik Korea“ ausgerufen hatte, was die Spaltung Koreas in einen Nord- und Südteil zur Folge hatte. Kim Il Sung errichtete in Nordkorea eine kommunistische Diktatur nach sowjetischem Vorbild und hatte seit der Verfassung von 1972 mit dem neuen Amt des Staatspräsidenten gezielt den Personenkult ausgebaut.*

MATERIAL 6

Plakat zum Film „Rubljovka". Nach einem Gemälde von Nikas Safronov

„Rubljovka" ist ein deutscher Dokumentarfilm (2006/2007) der in Russland geborenen Irene Langemann. Er setzt sich kritisch mit dem neuen Russland unter dem Präsidenten Wladimir Putin auseinander. Die „Rubljovka" ist eine Straße, die von Moskau in die Provinz führt, eine Verkehrsader, an der sich die Reichen des Landes schon immer angesiedelt haben und unter Putin jedoch die ärmeren Anwohner mit brutalen Mitteln zu verdrängen suchen. In einer Filmkritik werden die Geschehnisse um die „Rubljovka" als „ein Paradebeispiel für den ‚Raubtierkapitalismus'" in Putins „gelenkter Demokratie" bezeichnet.

1. Erarbeiten Sie aus der Einleitung und der Zeitleiste (M 1) Entstehung und Wesen des Napoleon-Mythos.
2. Vergleichen Sie die Bilder M 2 a) bis c). Ermitteln Sie mithilfe des Internets oder vermuten Sie Gründe Napoleons, die jeweiligen Repliken anfertigen zu lassen.
3. a) Informieren Sie sich im Internet über die näheren Umstände der Alpen-Überquerung, z. B. aus Napoleons Memoiren und dem Bericht seines Bergführers.
   b) Erarbeiten Sie die Unterschiede von M 2 und M 3. Stellen Sie Vermutungen an über ihre Gründe.
   c) Aus Platzgründen kann in einem historischen Museum nur eines der Bilder gezeigt werden. Führen Sie ein fiktives Streitgespräch zwischen dem Direktor und seinem Stellvertreter.
4. a) Vergleichen Sie die Bilder M 3–6 mit den Bildern M 2.
   b) Benennen Sie die Umgebung, aus der heraus diese Bilder entstanden sind, und beurteilen Sie die Ziele, die mit ihnen verfolgt werden.
5. Erörtern Sie die Probleme der Mythisierung einer Person bzw. eines Sachverhaltes über Gemälde.
6. Kommentieren Sie die These: „Die Ideen der Revolution enden im Napoleonischen Zeitalter und alles Erreichte geht in kürzester Zeit wieder verloren."

4.5 Revolution – Reform – Restauration: Europa 1815

„Die Wiederkehr des allgemeinen Weltfriedens". Die Heilige Allianz 1815.

„Nach zwanzigjährigem Blutvergießen kann sich nun die Menschheit der Früchte des Ackerbaus, des Handels, der Künste und Wissenschaften freuen und einer glücklichen Zukunft entgegen sehen."

Neuerungen von oben in Europa?

Die Französische Revolution fand in einer Epoche des allgemeinen Aufbruchs und Veränderungswillens in Europa statt. Die Aufklärer glaubten an Machbarkeit und Vermittelbarkeit rationaler, d. h. vernunftgeleiteter Reformen. Zunächst sahen sie im Absolutismus das geeignete Instrument, solchen Wandel von oben durch die Herrscher und ihre Ratgeber durchzusetzen. Neuerungen sollten vor allem Handel und Gewerbe fördern, die Verwaltungen rationaler und effektiver gestalten, die Finanzkraft des Staates erhöhen, die Lage der breiten Bevölkerung, insbesondere der Bauern verbessern und ihre Bildung heben.

Revolution in Frankreich

In Frankreich kam es jedoch zu einer völligen Blockade zwischen den Kräften des Wandels und der Beharrung (siehe Kapitel 2). Die Revolution war so gesehen nur der konsequenteste, heftigste und gewaltsamste Ausdruck dieses europäischen Geistes der Zeit. Aber mit der Revolution waren auch die Volksmassen zu Akteuren eines schließlich immer gewaltsameren Wandels von unten geworden. Napoleon – sei er nun „Verräter", „Retter" oder „Bändiger" der Revolution – knüpfte mit seinem plebiszitären Kaisertum wieder an die absolutistische Tradition an, mit der Staatsmacht Neuerungen kontrolliert von oben zu gestalten.

Reformen in Europa

Die Revolution und Napoleon wiederum veränderten die Machtverhältnisse auf dem Kontinent von Grund auf und trieben z. B. in Preußen Reformen voran. Die große Rechtsreform, das „Allgemeine Preußische Landrecht", wurde 1779 begonnen, jetzt unter dem Druck der revolutionären Ereignisse in Frankreich 1794 endlich vollendet. Noch entscheidender wurde die staatliche Bedrohung Preußens durch Napoleon, die weit gespannte gesellschaftliche, militärische und politische Reformanstrengungen auslöste. Die Revolution und ihre Folgen hatten aber auch die Macht einer Volksbewegung demonstriert. Der Freiheitskampf der Spanier und der Tiroler Bauern wie auch der Widerstand der ersten Freikorps in Deutschland sind Zeichen dieses neuen „nationalen" Bewusstseins.

Restauration in Europa?

Die Fürsten aber nutzten dieses Bewusstsein für ihre Politik, in Russland als „Großen Vaterländischen Krieg" und in Preußen als „Volkskrieg", mit anderen Worten als nationalen Befreiungskampf". Nach der „Völkerschlacht" handelten jedoch 1815 im „Wiener Kongress" die Monarchen und nicht die Völker die neue Friedensordnung unter der Führung des russischen Zaren Alexander I. und unter der Regie des österreichischen Außenministers Graf Metternich aus. Die alten „legitimen" Monarchien begründeten untereinander eine „Heilige Allianz", um in Europa vereint die vorrevolutionären Werte und die unbeschränkte monarchische Gewalt zu restaurieren, d. h. wiederherzustellen, und zu wahren. Aber trotz aller Restauration ließ sich die Entwicklung nicht hinter die Zeit der Französischen Revolution zurückdrehen. Ihr revolutionärer Elan bestimmte die folgenden Jahrzehnte und ihre Themen bestimmten die folgenden Jahrhunderte bis heute.

MATERIAL 1

Der russische Historiker Viktor Besotosny über Europa 1815 (2002)

Napoleon versuchte zu seiner Zeit, alle Nationen des Kontinents auf der Basis einer Konföderation unter seinem Zepter zu vereinigen. Aber er versuchte, seine Absichten mit Kriegsgewalt durchzusetzen sowie durch die Einführung eines einheitlichen Bürgerkodexes[1] in ganz Europa. Seiner Meinung nach würden diese Mittel erlauben, „eine einzige Nation zu bilden". Im Gegensatz zur napoleonischen Idee einer aufgezwungenen Vereinigung Europas unter einer französischen Vorherrschaft in kultureller, rechtlicher und ökonomischer Hinsicht, schlug Alexander I. ein freiwilliges Bündnis der Monarchen vor, um Frieden, Sicherheit und Stabilität zu garantieren. Außer der Akte, die eine „unzertrennliche Brüderschaft" der Monarchen[2] vorsah, und von fast allen europäischen Regierenden unterschrieben wurde (mit Ausnahme von England und dem Vatikan), haben vier der wichtigsten europäischen Staaten den Pariser Frieden von 1815 geschlossen.[3] [...]

Der revolutionäre General Napoleon Bonaparte, der die fortschrittlichen Ideen auf den Bajonetten seiner Soldaten trug, konnte ein mächtiges und im Grunde genommen bürgerliches Kaisertum aufbauen. Aber seine Veränderungen und seine Politik im Europa (napoleonische Integration) wurden mit der Kraft des Gewehres durchgeführt, was eine negative Reaktion der anderen Staaten hervorrief. Als Kaiser wurde er zum „Unterdrücker" der Nationen, was seinen Untergang heraufbeschwor.

Das historische Paradox bestand darin, dass der russische Kaiser Alexander I. ein Land regierte, in dem die Bauern noch in menschenunwürdigen, erniedrigenden Verhältnissen lebten, aber im Kampf gegen Napoleon befand er sich jedoch in der Rolle eines Beschützers und wurde von den Nationen Europas als „Befreier" begrüßt. Er war einer der Väter und Schöpfer des neuen politischen Modells für Europa des „Wiener Systems", das ungefähr 40 Jahre existierte.

[1] Gemeint ist der „Code Civil" bzw. „Code Napoléon".
[2] Die „Heilige Allianz".
[3] 20. November 1815: Zweiter Pariser Friede mit Preußen, Österreich, Russland und Großbritannien.

Viktor Besotosny: Epoche zweier Kaiser: Der große Feldherr und der große Diplomat. In: Napoleon Bonaparte – Zar Alexander I. Epoche zweier Kaiser. Hrsg. v. Eleni Vassilika. Staatliches Historisches Museum Moskau. Moskau (Chudoshnik i Kniga) 22002. S. 34 u. 35 f.

MATERIAL

2 Veränderungen in den französisch besetzten bzw. annektierten Gebieten bis 1814/1815

Land	*Verfassungen, Wahlrecht, Wehrpflicht*	*Feudalordnung*	*Rechts- u. Justizwesen, Emanzipation*	*Sozialordnung, Sozialpolitik*	*Wirtschaftsordnung*
Niederlande bis 1813	– Verfassung nach franz. Vorbild von 1795 – Zensuswahlrecht – direkte Wahl	– Abschaffung der Privilegien von Adel und Klerus – Abschaffung der Grundherrschaft	– Code Napoléon – Emanzipation der Juden und Katholiken	– Verbesserung des Gesundheitswesens – Arbeitsplatzbeschaffung – Unterstützung Notleidender (stärker als Frankr. 1793)	– Gewerbefreiheit – Wirtschaftsfreiheit – Säkularisierung des Kirchenguts
Linksrheinisches Deutschland	– Selbstverwaltung der Gemeinden	– Abschaffung der Grundherrschaft	– Code Napoléon – öffentliche Rechtsprechung – Emanzipation der Juden (nach 1815 eingeschränkt)		– Abschaffung der Zünfte – freie Arbeitsplatzwahl – freier Grundstücksverkauf – Säkularis. des Kirchenguts
Italien (einzelne Republiken, Königreiche)	– Verfassungen nach franz. Vorbild von 1795 – Zensuswahlrecht – allgemeine Wehrpflicht	– Abschaffung der Privilegien	– Code Napoléon – Emanzipation der Juden (nach 1815 Einschränkungen)	– Bildungsreform: Anspruch aller auf Bildung – Reform des Gesundheitswesens	– Öffnung zur Wirtschaftsfreiheit – Säkularis. des Kirchenguts
Schweiz	– Kantone: z. T. Verfassungen nach franz. Vorbild von 1795 – Zensuswahlrecht – gesamt: Kongress der Kantonsdelegierten	– Abschaffung der Privilegien und Feudalrechte	– Code Napoléon – Emanzipation der Juden		– Abschaffung des Zehnt u. laufender Abgaben (gegen Entschädigung) – Grundsteuern (Belastung der Bauern zu Gunsten der Bürger)
Polen (Großherzogtum Warschau von Napoleon gegründet, bis 1813)	– Verfassung n. franz. Vorbild von 1795: individuelle Freiheitsrechte, Bauern ohne staatsbürgerl. Gleichheit – Wahlrecht – keine Presse- und Versammlungsfreiheit	– Abschaffung der Leibeigenschaft aber: weiterhin Abgaben, Frondienste und Zehnt	– Code Napoléon aber: keine Emanzipation der Juden	– Abschaffung der Gutsuntertänigkeit, Schollenbindung und Leibeigenschaft	– Förderung des Großgrundbesitzes – Bauern ohne Anspruch auf Eigentum an Land – keine Säkularisierung von Kirchengut

MATERIAL 3

Wandel in den von Frankreich unabhängigen Staaten bis 1814/15

Land	*Verfassungen, Wahlrecht, Wehrpflicht*	*Feudalordnung*	*Rechts- u. Justizwesen, Emanzipation*	*Sozialordnung, Sozialpolitik*	*Wirtschaftsordnung*
Iberische Halbinsel: Spanien (häufige Interventionen Frankreichs)	– Gemeindeselbstverwaltung – Entmachtung der Stände – 1812: Verf. mit starker Einschränkung der kgl. Rechte – 1813: Aufhebung der Verf.: Spanien absolute Monarchie	– Ständeordnung, aber politische Entmachtung der Stände – Aufhebung der Vorrechte der Grundherren und Beamten nicht durchgesetzt	– 1813: Aufhebung der Inquisition – 1814: Annullierung der Aufhebung der Inquisition	– Förderung von Universitäten und Schulen	– Förderung von Handels- und Gewerbefreiheit – Einschränkung des Zunftzwanges
England (GB)	– Forderung nach Parlaments- und Wahlrechtsreform – Armeereform; Flottenreform (nach Meuterei 1797 mit dem Ziel der Demokratisierung)	(traditionell keine so fest gefügte Ständeordnung wie auf dem Kontinent)	(traditionell entwickelte Rechtssicherheit der einzelnen Personen, auch der Juden)	(traditionell größere Durchlässigkeit der Stände) – Ausbau der Armenfürsorge	(traditionell bestehende Gewerbefreiheit auf dem Lande) (traditionelle innerstaatliche Zollfreiheit)
Niederlande (1813, seit 1815 mit Belgien)	– konstitutionelle Verfassung – Zentralstaat – Legislative beim Parlament – indirektes ständisches Zensuswahlrecht	– Stärkung der ständischen Ordnung: Adel, Städte, Landstände (siehe Wahlrecht)	– Gleichberechtigung der Konfessionen – keine Rücknahme der Emanzipation der Juden	(kein Abbau der Veränderungen aus der Zeit vor 1813)	(kein Abbau der Veränderungen aus der Zeit vor 1813)
Deutschland: Rheinbundstaaten (vom napoleonischen Frankreich geprägt)	– Erlass von Konstitutionen ohne Volksvertretungen – bürgerl. Freiheiten als Ziel (Bayern, Baden) – Verwaltungsreform nach zentralist. franz. Vorbild – allgem. Wehrpflicht (weniger Adelige im Offizierskorps)	– Verwaltung: Beseitigung des Adelsmonopols (bis auf Ministerposten) – Abschaffung der Leibeigenschaft – Abschaffung der Grundherrschaft (1799 Bayern; bis 1848 in den anderen Gebieten)	– Code Napoléon (ohne Hessen und Nassau) – Humanis. des Strafrechts, Abschaffung der Folter – Sicherheitspolizei – Toleranzgesetze der drei christlichen Konfessionen – Judenemanzipation	– Abschaffung des Steuerprivilegs des Adels – Beamtentum nach Leistung, nicht nach Stand – Aufbau eines Wohlfahrts- und Gesundheitswesens – Reform des Bildungswesens (staatl. Schulwesen)	– Abschaffung der Leibeigenschaft (ohne Ablösung) – Abschaffung der Grundherrschaft (erträgliche Ablösung) – Aufhebung des Zunftzwanges – Beseitigung des Binnenzolls – Säkularisierung

Land	*Verfassungen, Wahlrecht, Wehrpflicht*	*Feudalordnung*	*Rechts- u. Justizwesen, Emanzipation*	*Sozialordnung, Sozialpolitik*	*Wirtschafts-ordnung*
Deutschland: Kgr. Preußen	– Abschaffung der königlichen „Kabinettsregierung" – Gegenzeichnung von Gesetzen durch Minister – Selbstverwaltung der Städte: dort allg., gleiches, geheimes Wahlrecht für Männer – allg. Wehrpflicht (Vorbild Frankreich) – Abschaffung des Adelsprivilegs im Offizierkorps (kaum wirksam)	– Abschaffung der Guts- und Grundherrschaft – Aufhebung der Erbuntertätigkeit (d.h. der persönlichen Abhängigkeit der Bauern vom Grundherrn) – Steuerprivilegien für den Adel	– Allgemeines Preußisches Landrecht (konservativer als der Code Napoléon) – Judenemanzipation (jedoch: Aussperrung von Justiz, Verwaltung und Offizierskorps)	– Bildungsreform – allgemeine Schulpflicht – Freiheit von Forschung und Lehre an den Universitäten – staatl. Prüfungswesen	– Gewerbefreiheit – Aufhebung der Zünfte – Aufhebung der Binnenzölle (ganz Preußen bis 1818) – Abschaffung der Guts- und Grundherrschaft, der Fron- und Gesindedienste und Erbuntertänigkeit (gegen Ablösung: so Förderung des Großgrundbesitzes u. Schwächung der Kleinbauern) – Säkularis. des Kirchenguts
Polen	– 1791 (!) konstitutionelle Verfassung: Volkssouveränität, Gewaltenteilung	– Verbesserung der bäuerlichen Rechte	– stärkere steuerliche Belastung der Juden (keine Staatsbürger; Ausländerstatus)	– Verbesserung der Lage der Bauern	– stärkere steuerliche Belastung von Adel und Klerus
Österreich und Ungarn	(Absolutismus) – Reformversuche für Böhmen und Ungarn ohne Erfolg		– Humanisierung des Strafrechts; Sicherheit vor willkürlicher Verhaftung		
Russland	(autokratischer Absolutismus) – Verwaltungsreform: Fachminister (preußisches Vorbild) – Einführung einer Staatsduma (Parlament) scheitert	– Leistungsprinzip in der Verwaltung – verschärfte Leibeigenschaft – für Bauern generell – für Arbeiter in Sibirien		Bildungsreform: – Aufbau von Grundschulen für die Kinder aller Stände (!) – höheres Schulsystem – Universitätsgründungen	– Übermacht der Leibeigenschaft

MATERIAL 4

Konstitutionelle Revolutionen und nationale Erhebungen in Europa 1815–1847

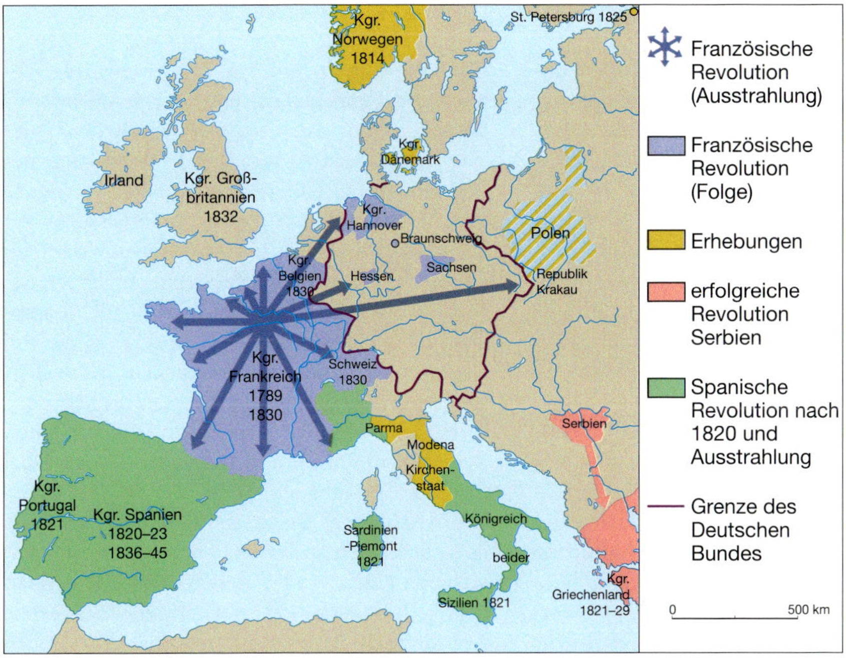

1. Beschreiben Sie anhand der Einleitung, von M 1 und 2 sowie zweier politischer Karten von Europa 1789 und 1815 die machtpolitischen Veränderungen, die durch die Französische Revolution ausgelöst wurden.
2. Es ist eine gängige These, dass kapitalistische Industrialisierung und Demokratisierung eng zusammenhängen. Informieren Sie sich über den Stand der Industrialisierung in Europa um 1815 und überprüfen Sie die These im Zusammenhang mit M 2 und 3.
3. Entwerfen Sie ein Programm zur Verwirklichung der Menschen- und Bürgerrechte der französischen Revolution in Europa nach 1815.
4. Reform oder Revolution? Diskutieren Sie die mögliche Bedeutung der beiden Wege für den politischen und gesellschaftlichen Wandel der europäischen Länder im 19. Jahrhundert. Beziehen Sie dabei die Karte M 4 mit ein.
5. Kennzeichnen Sie die historische Bedeutung der Französischen Revolution. Gehen Sie dabei auch auf die Englische Revolution im 17. Jahrhundert und die Amerikanische Revolution von 1776 ein.
6. „Die Französische Revolution war eine Revolution der Bourgeoisie zur Durchsetzung der kapitalistischen Wirtschafts- und Gesellschaftsordnung!" – „Die Französische Revolution war eine Auseinandersetzung der sozialen Klassen mit ihren sich überlappenden Interessen auf dem neuen Feld, das Freiheit und Gleichheit für politische Allianzen und Konflikte eröffnete!" Nehmen Sie Stellung zu diesen beiden Charakterisierungen der Revolution.

GLOSSAR

Absolutismus: Die vorbildhaft in Frankreich unter Ludwig XIV. ausgebildete monarchische Regierungsform. Der Theorie nach hat der Herrscher die uneingeschränkte und ungeteilte Staatsgewalt (Souveränität) ohne ständische Mitwirkungsrechte inne, steht über den Gesetzen und leitet seine Macht von Gott ab (Jean Bodin), dessen Geboten er untersteht. Eine andere Legitimation gründet auf der Lehre vom Gesellschaftsvertrag (Thomas Hobbes), in dem die Individuen ihre Macht an einen einzigen unbeschränkten Souverän abtreten.

Ancien Régime: Dt. die „alte Regierungsform", Bezeichnung für die Epoche des ➔Absolutismus im 17./18. Jh., insbesondere für Frankreich nach Ludwig XIV. (1638–1715), dann aber auch allgemein für die politischen und gesellschaftlichen Verhältnisse im Europa dieser Zeit.

Bürger(in)/ Bürgertum (Bourgeoisie): Im Deutschen doppeldeutig: a) als politischer Begriff für „Staatsbürger/in" (frz. citoyen/ne) und b) als sozialer Begriff für den unternehmenden und wohlhabenderen „Bürger" (frz. bourgeois). Davon abgeleitet der sozialwissenschaftliche Begriff des Bürgertums bzw. der Bourgeoisie als zentraler Begriff zur Analyse kapitalistischer Gesellschaften. Im Marxismus enger gefasst als über das Proletariat *herrschende* ➔*Klasse* wird Bürgertum in anderen Theorien als *soziale Schicht* in einem pluralistischen Gesellschaftsgefüge verstanden.

Cahiers de doléance: Beschwerdehefte der frz. Untertanen zu den Ständewahlen mit den Problemen, die die Abgeordneten in der Versammlung der Generalstände lösen sollten. Seit 1614 erfolgten die Ständewahlen zum ersten Mal wieder im Frühjahr 1789. Die beiden privilegierten Stände eines Distrikts bestimmten ihre Vertreter für ihre je 300 Abgeordneten direkt in einer Wahlversammlung; für den Dritten Stand wurden zunächst für jedes Dorf, jedes Stadtviertel und jede Zunft Wahlmänner benannt, die sich dann auf Distriktsebene zur Wahl der 600 Vertreter versammelten. Bei jedem Wahlgang redigierten die Stimmberechtigten gemeinsam ein Beschwerdeheft. Die etwa 60 000 erhaltenen Hefte vermitteln trotz z. T. formelhafter Elemente ein gutes Bild der Lage in Frankreich.

Emanzipation: Aus dem Römischen Recht der „Freilassung" von Abhängigen hervorgegangener Begriff der Befreiung unterprivilegierter Gruppen der Gesellschaft. Emanzipation basiert auf der aufklärerischen Grundannahme von der Freiheit und Gleichheit der Menschen und ist seit der Französischen Revolution ein entscheidendes politisches Schlagwort für die Durchsetzung von Rechtsstaat und Demokratie, zunächst als Rechtsgleichheit aller Bürger und dann als bis heute anhaltender Kampf um Abbau von Ungleichheiten der Klassen, Rassen und Geschlechter sowie bei Eigentum, Bildung und Beruf.

Freiheitsbäume: Die ersten Freiheitsbäume hat es wohl in der amerikanischen Revolution (1776) gegeben. Den französischen Freiheitsbäumen liegt jedoch eine eigene Tradition zu Grunde. Aufständische Bauern nutzten den Volksbrauch der Maibäume und errichteten bis in den Februar 1790 ähnlich aussehende Bäume, die sie bis auf die Spitze schälten und mit blau-weiß-roten Fähnchen und Bändern schmückten. Vor der Errichtung kam es zu zwei symbolischen Zerstörungsakten: das Herunterholen der Wetterfahne vom Kirchturm und die Zerschlagung der Kirchenbänke, deren Sitzzuteilung die ständische alte Ordnung widerspiegelte. Die revolutionären Behörden sahen das Errichten solcher Bäume als gefährliche Unruhezeichen an. Sie setzten sich deshalb an die Spitze der Bewegung und machten den Freiheitsbaum in Form von Festakten zu einem offiziellen Symbol der Revolution. (s. auch S. 36, 60 u. 65). Nach dem Staatsstreich Napoleons vom 8./9. November 1799 wurden die Freiheitsbäume von den Behörden beseitigt.

Girondisten: Die gemäßigten Republikaner, benannt nach den einflussreichen Abgeordneten aus dem Département Gironde. Sie setzten als Mehrheitspartei in der Legislative mit den ➔Jakobinern die Abschaffung des Königtums durch, verloren aber seit dem Zusammentritt des Konvents Ende September 1792 allmählich die Macht an die jakobinische Bergpartei. Infolge des Aufstands der Sansculotten im Mai/Juni 1793 wurden die führenden Girondisten hingerichtet.

Hegemonie: Die Vormachtstellung eines Staates gegenüber anderen auf Grund seiner politischen, militärischen und wirtschaftlichen Überlegenheit. Formal behält der schwächere Staat seine Souveränität, real wird jedoch die Schwelle zur Herrschaft im Sinne einer Über- und Unterordnung meist überschritten. In Europa sind Hegemonialansprüche, z. B. Frankreichs oder Deutschlands, immer wieder gescheitert.

Jakobiner: Bezeichnung für die Mitglieder des wichtigsten politischen Klubs in der Franz. Revolution nach ihrem Tagungsort, dem Dominikanerkloster Saint-Jaques in Paris. Die Klubs, die auch in der Provinz entstanden, umfassten alle sog. Patrioten. Seit Sommer 1791 verloren diese die Macht allmählich an die radikalen Demokraten, die unter Robespierre 1793/94 die Schreckensherrschaft (Terreur) begründeten. Außerhalb Frankreichs hießen Jakobiner die entschiedenen Anhänger der Franz. Revolution und einer radikalen Demokratie.

Liberalismus: Heute vielschichtiger Begriff, der generell gesehen „liberal" als Gegenbegriff zu „autoritär" bzw. „einengend" versteht. Im engeren Sinne meint er die ideologische Grundlage von politischen Parteien, die in der Tradition des klassischen Liberalismus stehen, der philosophisch die freie Selbstbestimmung des Individuums (Autonomie), politisch das Selbstbestimmungsrecht des Einzelnen und der Völker und ökonomisch das freie Spiel der Kräfte in der auf dem Privateigentum an Produktionsmitteln beruhenden kapitalistischen Marktwirtschaft vertritt.

Moderne/Modernisierung: Der Begriff der Moderne bezeichnet die weltgeschichtliche Epoche seit den bürgerlichen Revolutionen (USA 1776/ Frankreich 1789) und der von England ausgehenden Industrialisierung (um 1780) bis heute. Er setzt damit die „modernen", sich beschleunigend wandelnden Industriegesellschaften von den eher statischen, sich nur langsam wandelnden Agrargesellschaften ab. Der Prozess des Wandels in der Moderne wird als Modernisierung bezeichnet.

Nation, Nationalismus: Die Nation bildet seit dem 19. Jh. den Rahmen, innerhalb dessen sich Menschen ihre politische Selbständigkeit sowie auch ihre kulturelle Eigenart zumessen, dabei verweisen sie auf eine als gemeinsam angenommene Abstammung, Kultur, Geschichte, Religion, Sprache und Wohngebiet. Nationen sind somit nicht naturgegeben, sondern historisch gewachsene und konstruierte Gebilde. Den meist von einem starken Selbstwertgefühl eines Einzelnen oder einer Gruppe getragenen Willen, einer Nation anzugehören, nennt man Nationalbewusstsein. Dessen übersteigerte und aggressiv kämpferische Ausformung nennt man Nationalismus.

Nationalstaat: Politische Organisationsform, in der in überwiegender Mehrheit die Angehörigen einer →Nation zusammenleben, im Gegensatz zu dem aus mehreren Nationen bestehenden Vielvölkerstaat (Nationalitätenstaat). Der demokratische Nationalstaat französischer Prägung begründet seine Legitimation auf der freien Zustimmung seiner →Bürgerinnen und Bürger, dem „täglichen Plebiszit" (Ernest Renan), der Nation anzugehören, nicht auf deren Zugehörigkeit durch Geburt.

Notabeln, Notabelnversammlung: In Frankreich besondere, vom König einberufene Ratsversammlung, meist aus allen drei Ständen. Seit 1626/27 erfolgte keine Einberufung mehr. Der drohende Staatsbankrott 1787 führte zu einer erneuten Einberufung vornehmlich adeliger Notabeln. Durch die Ablehnung von Reformen bei der Steuer und Ständeversammlung lösten die Notabeln die sog. Adelsrevolution 1788/89 aus.

Parléments (Parlamente): Die französischen Parléments waren Gerichtshöfe, zunächst als oberstes Berufungsgericht in Paris, später auch in anderen Städten; 1789 gab es 14 Parléments. Aus dem Recht königliche Erlasse in das Rechtsregister einzutragen leiteten die Parléments das Recht auf Überprüfung der Gesetze ab. Sie wurden so zum Hauptgegenspieler des absoluten Königtums.

Physiokraten: Gruppe französischer Ökonomen in der 2. Hälfte des 18. Jh., die die entscheidende Wertschöpfung in der Landwirtschaft sahen. In der Verbesserung der Agrarverfassung und der Freigabe des Getreidehandels sahen sie daher die wichtigsten Maßnahmen zur Hebung der Staatsfinanzen. Ihr Modell des Wirtschaftskreislaufs ist bis heute unentbehrlich für das Verständnis von Wirtschaftsprozessen.

LITERATURHINWEISE

- Beßlich, Barbara: Der deutsche Napoleon-Mythos. Literatur und Erinnerung 1800–1945. Darmstadt (WBG) 2007
- Chartier, Roger: Die kulturellen Ursprünge der Französischen Revolution. Frankfurt/New York (Campus Verlag) 1995
- Conrad, Anne/Michalik, Kerstin (Hrsg.): Quellen zur Geschichte der Frauen. Band 3: Neuzeit. Stuttgart (Reclam) 1999
- Demel, Walter: Europäische Geschichte des 18. Jahrhunderts. Stuttgart u. a. (Kohlhammer) 2000
- Die Französische Revolution. Ein Lesebuch mit zeitgenössischen Berichten und Dokumenten. Stuttgart (Reclam) 2000 (cop. 1989)
- Duby, Georges/Perrot, Michelle (Hrsg.): Geschichte der Frauen. Bd. 3 u. 4. Frankfurt/M. – Wien (Büchergilde Gutenberg) 1994/95
- Furet, Francois/Richet, Denis: Die Französische Revolution. Frankfurt/M. 1987
- Furet, Francois/Ozouf, Mona (Hrsg.): Kritisches Wörterbuch der Französischen Revolution. Frankfurt/M. (Suhrkamp Verlag) 1996
- Gömmel, Rainer/Klump, Rainer: Merkantilisten und Physiokraten in Frankreich. Darmstadt (WBG) 1994
- Hillmann, Jörg/Opitz, Eckardt (Hrsg.): 1789 – 1989. 200 Jahre Revolutionen in Europa. Bochum (Verlag Dr. Winkler) 2003
- Kuhn, Axel: Die Französische Revolution [Darstellung und Quellen]. Stuttgart (Reclam) 1999
- Napoleon Bonaparte – Zar Alexander I. Epoche zweier Kaiser. Hrsg. v. Eleni Vassilika. Staatliches Historisches Museum Moskau. Moskau (Chudoshnik i Kniga) 2002
- Reichardt, Rolf: Das Revolutionsspiel von 1791. Ein Beispiel für die Medienpolitik und Selbstdarstellung der Französischen Revolution. Mit einer Spielanleitung neu hrsg. u. erl. Frankfurt/M. (Insel-Verlag) 1989
- Soboul, Albert: Die Große Französische Revolution. Ein Abriss ihrer Geschichte 1789–1799. Frankfurt/M. (EVA) 1977
- Stolberg-Rilinger, Barbara: Europa im Jahrhundert der Aufklärung. Stuttgart (Reclam) 2000.
- Tulard, Jean: Napoleon oder Der Mythos des Retters. Tübingen 1978
- Veltzke, Veit (Hrsg.): Napoleon. Trikolore und Kaiseradler über Rhein und Weser. Köln (Böhlau) 2007
- Wunder, Bernd: Europäische Geschichte im Zeitalter der Französischen Revolution 1789–1815. Stuttgart u. a. (Kohlhammer) 2001

BILDQUELLENVERZEICHNIS

Umschlagbild: Ferdinand Victor Eugène Delacroix: Die Freiheit führt das Volk auf die Barrikaden (1830), Öl auf Leinwand: 260 x 325 cm. Paris, Musée du Louvre. Akg-images 6.1, 7.1, 11.1, 19.1, 20.1, 21.1, 22.1, 37.1, 38.1, 40.1, 60.1, 62.1, 69.1, 69.2, 69.3, 71.1, 78.1, 84.1, 84.2, 84.3, 84.4, 85.1, 85.2, 86.1. bpk 12.1, 12.2. CCC CaricaturenContor/Fritz Behrend 81.1. Corbis 29.1, 50.1. Bibliothèque Nationale de France, Paris 30.1, 49.1, 65.1. Bridgeman Berlin 13.1, 34.1, 46.1, 56.1, 56.2, 61.1, 64.1, 68.1. Germanisches Nationalmuseum Nürnberg 88.1. Lichtfilm GmbH 87.1. Musée Carnavalet, Paris 26.1. Scholz & Friends Berlin 85.3. Sipa Press (Lee Nam Il) 86.2. Staats- und Universitätsbibliothek Hamburg 67.1. Städtische Galerie Wolfsburg 8.1